문재인 정부와
한일관계

문재인 정부와
한일관계

양기호 지음

갈등을 딛고
미래지향적 협력을
추구한 5년의 기록

주류성

저자 서문

이 책은 문재인 정부 5년간 한일관계의 담론과 현장에서 고민한 저자 나름대로 기록과 독백이기도 하다. 아직도 현재 진행중인 강제징용 쟁점과 일본군'위안부' 문제에 대해 문재인 정부의 시련과 대응을 냉정하게 써내려간 것이다. 수백 회가 넘는 강연, 학술 포럼과 국내외 정책 자문, 수천 회에 달하는 매스컴 출연과 인터뷰, 수많은 한일 양국의 정계와 관계, 그리고 학계 인사를 만났고 대화를 이어갔다. 때로 격렬한 토론과 논쟁도 거쳤다.

문재인 정부 출범 초기 대일정책은 투트랙 접근(Two Track Approach)이었다. 역사와 영토 갈등 요인이 있지만, 사회 문화와 경제 통상 등 미래지향적인 협력을 추구한다는 것이었다. 국민들의 역사적인 피해 트라우마가 존재하고, 피해 당사자가 엄연히 생존한 현실을 감안해야 했다. 그러나, 과거사에 사로잡히지 말고 사회 문화와 인적 교류 등, 미래지향적인 한일관계를 적극적으로 추진해 나가자는 것이었다. 실제로 문재인 정부 임기중 2018년 한일 교류는 단군 이래 최고조에 달했다. 한일 간 인적 교류가 무려 1,050만 명에 달했고, 물적 교류도 850억 달러에 이르렀다. 1965년 한일 국교정상화 이후 최대치를 기록한 것이며, 영국과 프랑스간 무역량을 뛰어넘는 것이었다.

한일관계를 개선하려는 문재인 정부의 노력은 일관되고 지속적인 것이었다. 문재인 정부 초기에는 북한 핵실험과 미사일 발사로 북한과 미국간 갈등이 높아지면서 한일 양국은 서로 소통을 강화하였다. 점차 대북정책에서 상호인식의 불일치가 드러나고 과거사 쟁점이 불거지면서 문재인 정부는 다양한 대화와 대안을 제시했지만, 아베 신조(安倍晋三) 정권은 소극적인 대응에 그치는 경우가 많았다. 강제징용 논란은 한일청구권 협정으로 최종적으로 완전히 해결되었으며, 일본군'위안부' 문제도 2015년 한일 위안부합의로 끝났다는 것이었다. 2015년 8월 패전 70주년 담화에서 아베 총리는 후세대에 사죄할 부담을 물려주지 않겠다고 공언하였다. 문재인 정부의 출범 이전부터 일본의 우파 언론은 부정적인 인식을 내비치기도 하였다.

2017년 9월 북한의 6차 핵실험으로 인하여 한반도 긴장이 최고조에 달했고, 이를 해결하고자 문재인 정부는 동분서주하고 있었다. 한반도 운전자론을 강조하던 문재인 정부는 대북, 대미정책을 추동하면서 동북아 국제정치를 주도하였다. 문재인 정부는 일본을 소외시키지 않고, 북일 대화를 지지하며, 납치자 문제 지지 의사를 밝혔지만, 일본 측은 대화 진전에 부정적인 입장을 보이기도 하였다. 트럼프 정권의 대북정책에 끼어들어 북미대화를 방해하기도 하였다.

2017년 12월 한일 위안부합의 검토 보고서가 나왔고, 한국 정부는 한일 합의를 그대로 존중하며, 재협상을 요구하지 않겠다고 하였다. 다만, 완전한 해결이 될 수 없으며, 진실과 원칙에 입각하여 역사문제를 다루어 가겠다고 하였다. 이에 대해 일본 정부는 반발하면서 합의를 뒤집을 수 없다고 주장하였다. '위안부합의'에 대한 한일 양국의 인식은 너무나 차이가 컸다. 일본 측의 '해결' 인식은 국제무대에서 위안부 쟁점을 두 번 다시 제기하지 않는 것이었다.

2018년 10월 강제징용 피해자에 일본기업의 배상을 명시한 대법원 판결과 11월 화해치유재단 해산 이후, 양국 관계는 긴장된 분위기로 바뀌었다. 일본은 2019년 7월 대한국 수출규제를 발표하였고, 한국 정부는 이에 맞대응하여 한일군사정보보호협정(GSOMIA)을 파기하기로 하였다. 제주도 관함식에 일본 자위대함정 욱일기 논란, 한일 간 초계기 사태, 국내 노저팬(No Japan) 운동이 이어졌다.

윤석열 정부 들어 한일관계는 정부 간 관계에서 표면적으로 개선되었지만, 양국 시민의 상호인식, 특히 한국내 대일 호감도는 오히려 하락하였다. 1998년 10월 김대중·오부치 한일파트너십 공동선언의 본질은 양국 정부 뿐만 아니라, 국민간 교류와 협력을 추진하는 것이다. 과거사 쟁점을 외면하면서 미래지향적인 관계 구축을 외치는 것은 공허한 메아리가 될 뿐이다. 양국 국민이 공평하고 정의롭게 수용할 수 있는 양국관계를 끊임없는 대화와 노력으로 만들어가야 한다.

한일관계는 아직도 현재 진행중이다. 강제징용 현금화 가능성, 후쿠시마 오염수에 의한 환경 파괴, 사도광산 유네스코 등재 시도는 물론, 일본군'위안부'와 야스쿠니 신사참배, 독도 영유권 논쟁과 교과서 왜곡사태 등, 한일 간 쟁점의 불씨가 여전히 남아있고, 한국 국민의 불만은 누적된 상태이다. 일본 정부와 국민도 윤석열 정부 대일정책의 지속 가능성에 대해 불안감을 느끼고 있다. 한국의 불만과 일본의 불안이 상호 교차하는 이유는, 바로 동북아 협력과 번영, 한일 화해와 남북 통일에 기여하는 한일관계에서 벗어나 있기 때문이다.

가끔 한일관계를 고민하다가 나 홀로 상념에 빠지면, 김대중 대통령과 오부치 게이조(小渕惠三) 총리가 그리워지곤 한다. 지금보다 훨씬 어렵고 힘든 시절에, 어떻게 1998년 10월 "21세기 한일파트너십 공동선언"을 도출해 낼 수 있었을까. 한일 양국 정부와 국민은 비로소 상대방을 진정한 파트너로 인식하기 시작하였다. 일본 정부의 과거사 사죄와 반성, 미래지향적인 한일관계 등의 비전을 실천한 위대한 두 분 정치가의 리더십을 되돌아보게 된다. 선진국인 한국과 일본이 대립과 갈등을 반복하면 동아시아 국민은 모범생 간 협력모델을 찾기 어렵고, 결국 아시아를 벗어나 미국과 유럽을 지향하는 탈아입구(脫亞入歐)로 간다는, 정신적인 스승인 지명관 교수님의 말씀도 반추하게 된다.

여기에 오기까지 수많은 분들의 도움과 지원을 받았고, 덕택에 겨우 책으로 나올 수 있었다. 문재인 정부의 외교정책을 뒷받침하신 연세대학교 문정인 명예교수와 김기정 명예교수, 평소 존경해 마지않는 대한성공회 김성수 주교와 이재정 신부께 깊이 감사드린다. 윤기 공생복지재단 회장과 배종덕, 고호성, 이승우 선배에게도 고마운 마음을 전한다.

한일비전포럼에서 만난 홍석현 이사장, 이하경 중앙일보 대기자와 지식인 대화에 참여하면서 인식의 지평을 넓힐 수 있었다. 발표와 토론은 물론 원고 지면을 허락해 준 현대일본학회와 한국일본학회, 동아시아재단과 류상영 연세대학교 국제대학원 교수, 한일 양국의 외교 현장과 담론에서 지적 자극을 주신 수많은 학계 지식인과 언론인, 고베총영사 시절 진심과 우정으로 대해준 한일 양국의 친구들, 강창일 전 주일대사를 비롯한 한일평화포럼의 대화와 소통, 다양한 교류의 연속이었던 사단법인 한일미래포럼의 김충식 전 대표와 신경호 고쿠시칸대학(国士館大学) 교수, 어려운 출판 사정에도 흔쾌히 허락해 주신 주류성출판사 최병식 대표와 이준 이사께 감사 인사를 드린다.

마지막으로 내게 연구와 강의 환경을 제공해준 성공회대학교 교직원과 학생들, 바쁜 남편 대신 집안 버팀목 역할을 해온 아내 이은숙, 가장 소중한 친구인 진경과 지수에게 고맙다는 말을 전하고 싶다. 당연하지만, 이 책의 크고 작은 내용에 대한 최종적인 책임은 나에게 있다. 궁극적으로, 이 책을 한일관계를 개선하고자 진심으로 노력해 온 수많은 선인과 동료에게 바치고자 한다. 이 책이 많은 시사와 교훈을 던지는 벽돌 한 장이 되기를 소망하고 있다.

이 책은 아래 주요 논문과 기고문을 바탕으로 만들어졌다. 당시 현장과 상황에 충실하고자 대부분 원고 그대로 실었고, 부분적인 수정과 편집을 거쳤다. 각 학회와 재단, 그리고 독자 여러분의 양해를 구한다.

● 제1장 문재인 정부와 한일관계의 출발

  출처: "한국은 일본을 어떻게 보아야 할 것인가?: 역사, 현안, 전략"(동아시아재단, [정책논쟁] 제88호, 2018/01/16)

● 제2장 한일 갈등의 기원으로서 대북 정책

  출처: "문재인정부 한일 갈등의 기원-한일 간 한반도 비핵화와 동북아외교 격차를 중심으로-" (한국일본학회, 『일본학보』 119호, 2019/05)

● 제3장 국제쟁점으로서 위안부 문제의 확산

  출처: "한일갈등에서 국제쟁점으로: 위안부문제 확산과정의 분석과 함의" (현대일본학회, 『일본연구논총』 42권, 2015/12)

● 제4장 한일 위안부합의를 둘러싼 상호 인식의 격차

  출처: "문재인정부기 위안부합의를 둘러싼 한일갈등-인식, 해법, 판결을 중심으로-" (한국일본학회, 『일본학보』 137호, 2023/11)

● 제5장 강제징용 쟁점과 한일관계의 구조변용

  출처: "강제징용 쟁점과 한일관계의 구조적 변용: 국내변수가 양국관계에 미치는 영향을 중심으로" (현대일본학회, 『일본연구논총』 51권, 2020/06)

● 제6장 윤석열정부 대일정책의 한계와 실패

  출처: "한일관계, 다시 한번 생각해 본다" (동아시아재단, [정책논쟁] 제197호, 2023/06/29)

문재인 정부와 한일관계

갈등을 딛고 미래지향적 협력을 추구한 5년의 기록

제1장

문재인 정부와
한일관계의 출발

1. 동북아 지정학(geopolitics)의
도래와 한일관계의 변용

문재인 정부가 출범한 지 7개
월째 접어든 2017년 12월 말, 한일 간 위안부합의에 대한 검토 보고서
가[1] 발표되면서 한일 양국의 반응이 엇갈렸다. 이에 따라, 북한 핵실험
과 탄도미사일 발사로 위기 상황에 놓인 동북아 국제정세에서, 한일관
계가 또다시 중대한 관심사로 떠올랐다. 보고서는 2015년 12월 28일 발
표된 한일 위안부합의의 구체적인 과정과 내용을 재검토한 것으로 양국

---

1) 2017년 12월 27일 나온 「한·일 일본군위안부 피해자 문제 합의(2015.12.28) 검토
   결과 보고서」를 말한다. 한일 양국은 2015년 12월 28일 당시 윤병세 외교부 장관
   과 기시다 후미오(岸田文雄) 외무대신 간에 구두로 한일 위안부합의를 발표한 바
   있다.

간 쟁점으로 등장하였다. 불거진 한일관계의 향방이 한미일 안보협력에 영향을 미칠 가능성이 높은데다, 자칫하면 북한발 위기 상황을 크게 악화시킬 우려마저 있다. 협력과 반목을 거듭해 온 양국 관계가 또 하나의 중요한 분기점에 서게 되었고, 한국에게 일본은 무엇인가라는 진부한 질문을 새삼 던지고 있다.

국제정치에서 지정학(geopolitics)의 시대가 다시 도래했다는 지적이 나올 정도로 동북아에서 강대국 주도의 국제질서가 두드러졌다. 2017년 12월 18일 발표된 미국의 새로운 국가전략(NSS)은 '힘을 통한 평화'와 '미국의 영향력 강화'를 강조하여 "지정학이 돌아왔다"고 평가되었다. 북한의 잇따른 군사도발과 핵보유국 선언, 시진핑 2기 중국의 대국외교와 신형 국제관계의 구축, 러시아의 동북아 국제질서에 대한 적극적인 관심, 일본의 자위력 증강과 헌법개정 추진은 동북아지역에서 분쟁 가능성을 암시하면서 지정학의 위기를 높여 왔다.

한반도는 중국과 일본, 일본과 러시아, 미국과 중국의 열강 세력이 각축하는 현장이었고 대륙 파워와 해양 파워가 격돌하는 전쟁터였다. 16세기 말 조선과 명나라가 일본의 침략에 맞서 7년간이나 싸웠던 임진왜란, 근대화에 성공한 일본이 중화 질서를 무너뜨린 1894년의 청일전쟁, 제0차 세계대전에 가까울 정도로 대규모 군사력이 동원된 1904년 러일전쟁, 1950년 6월 발생한 한국전쟁은 한반도가 '동북아의 발칸'이라고 불리는 이유를 여실히 입증하고 있다.

1910~45년간 일본 식민 통치의 유산과 1950~53년간 한국전쟁의 유산은 한일관계를 구속하는 중대한 변수로 작용해 왔다. 일제 35년에 걸친 인적, 물적 수탈로 엄청난 피해를 입은 한국은 뿌리 깊은 반일 감정을 가지게 되었다. 동시에, 냉전기 한일 양국은 미국 주도의 국제질서에서 각각 한미, 미일 동맹으로 묶어져 반공 연합에 소속되었다. 한국전쟁기에 한국은 전장 국가, 일본은 기지 국가로서 자유민주주의와 시장경제를 수호하는 공동 파트너로 인식되었다.

　　1965년 한일수교 이후 양국 관계의 발전에도 불구하고 역사와 영토 인식 격차는 확대되어 왔다. 1965년 청구권 협정과 경제협력으로 전후 청산이 완료되었다는 일본과, 아직 미해결 부분이 남아있고 개인 청구권은 유효하다는 한국의 입장은 각각 사법부 판결을 통해 그 간극이 더욱 벌어졌다. 일본 정치가의 망언과 아베 정권의 역사 왜곡은 그대로 유산을 남기고 있다. 일본군 '위안부' 강제 연행 부인, 독도 영유권 억지 주장, A급 전범이 합사된 야스쿠니 신사참배, 강제징용 보상거부를 둘러싸고 한일관계는 갈등이 이어져 왔다.

　　한편, 한국의 놀라운 경제성장과 성숙한 민주주의는 불균형 상태에 놓여 있던 한일 양국을 수평적인 관계로 발전시켰다. 양국 간 정치, 경제, 사회, 문화, 관광교류는 급속도로 발전하였다. 1965년 한일수교 당시 한일 양국의 인적 교류 2.2만 명에서 2018년 1,050만 명으로 늘어났다. 양국 간 무역량은 1965년 2.2억 달러에서 2018년 들어 850억 달러에 달했고, 영국과 프랑스 간 연간 무역량을 넘어섰다. 중국의 해양 진출과 군사력 증강, 북한 핵과 미사일 위기는 한일 양국의 안보협력, 한미일 공동의 대북 제재를 추동하고 있다. 시장경제와 민주주의를 공유하는 선진국인 한국과 일본이 동북아 지역안정과 평화 번영에 중요한 공동 파트너임은 두말할 필요가 없다.

2017년 11월, 트럼프 대통령은 한일 양국 방문 시 한미동맹 강화, 대북 제재 공조, 미국의 무역적자 개선에 집중하였다. 트럼프 대통령의 방한에서 한미 양국은 북한 문제에 대한 이견을 최소화하고 공통점을 도출해 냈지만, 적극적인 대안을 찾아내지 못했다. 미국 정부의 전략적 인내가 종료되었다거나, 군사적 선택지를 포함한 대북정책을 재론한 것은 아쉬운 대목이었다.

트럼프 대통령의 방일에서 미일 양국은 대북 제재 강화, 납치피해자 문제에 관한 공동 인식에 합의하였다. 아베 정권은 유럽연합과 영국, 프랑스 등을 끌어들여 유엔과 국제사회에서 대북 제재를 주도하였다. 미일 양국은 인도 태평양지역에서 항해의 자유와 법의 지배, 공정하고 자유롭고 호혜적인 무역에 기초한 열린 무역 질서를 강조하였다. 그러나, 한국은 대북 제재와 대화 병행에 중점을 두고 있으며, 미일 주도의 중국 포위망 구축에 소극적인 입장을 견지했다.

2. 문재인 정부와 아베 정권

문재인 정부와 아베 정권은 진
보정권 vs 보수정권, 시민 파워 vs 기득권층, 대중·대북 인식 격차 등
의 요인으로 이질적인 관계로 인식되어 왔다. 박근혜 정부가 추진했던
2015년 12월 한일 위안부합의 검증 작업을 진행하던 문재인 정부에 대
해, 일본 정부와 언론은 경계감을 늦추지 않았다. 아베 총리와 관저뿐
만 아니라, 일본 여론과 시민 사회, 연구자들은 상당한 반발을 느끼고
있었다.

문재인 정부에서 한일관계는 불완전한 위안부합의를 포함하여 달갑
지 않은 외교 유산(legacy)의 축적, 부정적인 상호인식에서 시작한 힘든

출발이었다. 박근혜 정부하에서 한국 청와대와 일본 총리 관저 간 대화와 소통, 그리고 한일 외교 당국 간 파트너십과 전략적 이익 공유, 핵심 연락 채널과 활발한 인적교류, 시민 사회 간 상호신뢰 등이 결여된 상태였다. 한일 간 쟁점이 누적된 상태에서 양국 관계를 적극적으로 개선하려는 현실 정치가와 관료, 학계 전문가와 언론인은 많지 않았다.

2000년대 들어 김대중 정부 시기 단기간을 제외하면, 불안정한 한일 관계가 이어지면서 복합골절 상태라는 지적이 나오기도 하였다. 냉전 종결 이후 한일 양국에서 내셔널리즘의 강화, 2005년 이후 중국의 대두와 중일 간 파워 시프트(power shift), 미중 간 신형 국제관계, 한국의 경제성장과 한중 교류 활성화, 한일 간 전략적 이익 공유의 약화, 일본의 우경화와 혐한 감정이 양국 관계에 부정적인 요인으로 작용하였다. 특히 일본 내 전쟁과 식민지를 겪지 않은 전후 세대의 등장, 한일 특수 관계론이 아닌 국제파 시각의 정착, 정치인들의 내정 중시 경향, 한국 때리기에 편승하는 포퓰리즘 등이 확산되어 왔다.

문재인 정부의 한일관계 출발점은 상대적으로 어려운 여건에서 시작되었지만, 양국 정부는 상대방의 입장을 배려하고 비판과 자극을 절제하면서, 박근혜 정부의 실패를 반복하지 않도록 많은 노력을 기울여 왔다. 신속한 대일 특사파견, 한일 주요 정치가들의 상호 방문에 이어, 2017년 7월 7일 함부르크 G20회의에서 한일 정상회담은 35분간 짧은 시간이었지만, 셔틀외교 재개, 역사 인식 등에 대한 의견을 교환하면서 대화와 협력 가능성이 확인되었다. 같은 해 9월 7일 러시아 블라디보스토크에서 열린 동방경제포럼, ASEAN+3 서밋, APEC 정상회담에 이르기까지 수차례 회담을 거치면서 양국 정상은 상호 간 신뢰 구축을 지향해 왔다.

한일 양국이 외교적 관계를 악화시키지 않으려는 노력의 배경에는 박근혜 정부의 실패한 한일관계가 반면교사로 자리 잡고 있었다. 박근혜 정부는 위안부문제 해결에 치중한 나머지 3년 반 동안 정상회담조차 열지 못했다. 따라서, 한일 정상 간 신뢰 구축이 필요하다는 것을 양국은 공감하고 있었다. 북한 핵과 미사일 위기 속에서 한일 양국은 나름대로 관계 개선에 노력해 왔다. 한국 정부는 영토·역사 쟁점에도 불구하고, 미래지향적인 한일관계를 강조한 투트랙 전략을 재확인하였다. 문재인 대통령은 일본 정치가와 만남에서 위안부 쟁점에 대한 객관적이고 냉정한 인식을 표시하였다. 수차례에 걸친 한일, 한미일 정상회담을 통하여 양자 간 소통과 교감은 진전되었다고 평가할 수 있다.

일본 정부도 한국과의 외교에서 상당한 자제력을 발휘해 왔다. 2017년 8월 15일 패전기념일에 일본 아베 총리와 각료들은 아무도 야스쿠니신사에 참배하지 않았다. 1985년 국제사회에서 비판받아 나카소네 야스히로(中曾根康弘) 총리가 야스쿠니신사 참배를 중단했던 이래, 일본 총리와 각료가 전혀 가지 않은 것은 처음 있는 일이다. 미국 트럼프 대통령의 청와대 국빈만찬에서 위안부 피해자 참석과 독도새우가 화제가 되었지만, 다행히도 양국 간 마찰로 번지지는 않았다. 2017년 12월 위안부 합의 검증 보고서 발표에도 불구하고, 일본 측은 2년 전 12.28 한일 위안부합의의 성실한 이행과 존중을 강조하면서, 다음 단계의 외교 선택지에 관심을 집중하였다.

3. 북한 핵·미사일 위기와 한일협력

한일 간 양국 관계의 관리 모드 정착 배경에는 북한 핵실험과 대륙간 탄도탄(ICBM) 발사 위협에 대한 양국의 공감대가 존재하고 있었다. 북한 정권이 핵과 미사일을 이용한 게임체인저로 등장하면서 동북아의 안보 지형이 완전히 새로운 국면으로 바뀌었다. 북미 간 분쟁 가능성이 상존하고 있으며, 한국과 일본도 심각한 위협으로 인식하였다. 북한 전략군 사령부의 설치, 수차례의 핵실험과 ICBM 발사는 동북아의 안보 지형을 교란하고 군사적 균형을 뒤흔들고 있다.

2017년 9월 일본 방위성 방위연구소에서 있었던 한일 연구자 간 대담은 인상적이었다. 일본 측은 북한 미사일 발사 진화 속도가 매우 빠르며, 김정은 체제 5년간 3회 핵실험 가운데 작년만 2회 실시되었고, 미사일 발사만 무려 13회, 합계 18발이나 발사된 점을 우려하였다. 특히 일본 내 민간항공기와 어선 피해 가능성을 지적하면서, 북한 미사일이 배타적 경제수역(EEZ)에 낙하할 경우, 일본자위대는 적극 요격할 방침이라고 언급하였다.

미일 양국은 공동 군사훈련을 강화하고 있으며, 2016년 탄도미사일 공동방어, 2017년 순항미사일 발사 연습 등을 실시하였다. 9월 15일 일본 상공을 통과하여 태평양에 낙하한 탄도미사일에 놀란 일본 정부와 지자체는 국민보호법에 따라 J-Alert 경보를 발령하였고, 도도부현별 피난 훈련을 거듭하였다. 일본 정부는 한반도 유사시 자위대를 파견하여 자국민 대피계획을 검토하였다. 그동안 적극 추진해 온 헌법개정은 물론, 대북 선제공격론, 순항미사일 도입을 빈번히 거론하고 있다.

일본 정부는 미일동맹 강화, 안보법제 시행, 방위비 증액 등을 통하여 미일 간 밀접한 대북공조를 추구하고 있다. 문재인 정부의 사드(THAAD) 추가 배치 이후 일본 내 한국의 중국경사론에 대한 우려는 약화되었다. 그러나 아베 정권은 한국의 대화와 제재 병행에 대하여, 일관되고 강력한 대북 제재를 주장하였다. 한일 간 군사정보보호협정(GSOMIA)이 연장된 데 이어서, 추가로 한일 간 군수지원협정(ACSA) 체결 가능성도 거론되었다. 일본 정부는 한국으로 전시작전권 반환이 실현될 경우, 주한미군의 대북 억지력이 약화할 것으로 우려하였다.

문재인 정부의 균형 외교는 미국이나 일본에서 '흔들리는' 스윙 스테이트(swing state)라는 오해를 자칫 유발할 수 있다. 그러나 '균형 외교'는 노무현 정부의 동북아 균형자론의 연장선에 있지 않다. 동북아 플러스 책임공동체를 기본으로 중국과 러시아, 북한, 그리고 일본과 동남아 인도와 오세아니아 등, 신북방정책과 신남방정책을 아우르면서 한국 외교의 외연과 경계를 확장하려는 노력의 일환이다. 한국 정부는 한미 정상회담은 물론, 2017년 12월 한중 정상회담, 한일 외교장관 회담을 통하여 한반도 문제 해법 도출에 적극 나섰다.

한중간 3불(三不) 정책(사드 추가배치, 미국 MD체제 편입, 한미일 군사동맹에 모두 반대)과 한중 정상회담을 통하여 양국 간 갈등을 봉합하는 데 성공하였지만, 갈등 요소는 여전히 남았다. 중국을 방문한 문재인 대통령은 난징대학살 80주년을 맞이하여 한국도 피해국으로서 동병상련을 강조하였다.

한미동맹이 인도·태평양 지역의 평화 안정에 중요하다는 미국 정부의 발표, 일본이 인도, 호주 등과 연대를 모색해 온 아시아판 북대서양조약기구(NATO) 추진은 남북관계와 한중관계를 중시하는 한국의 입장과 엇박자를 내고 있다. 문재인 대통령은 2017년 11월 유엔에서 한미 양국은 동맹이지만, 한일 간은 군사동맹이 아니라고 분명히 밝혔다. 한미일 공동 군사훈련도 거부하였다.

일본 정부가 미일동맹 강화에 주력하면서 아베-트럼프 간 긴밀한 소통과 정책 공조가 두드러졌다. 유럽 각국과 또는 주요 동맹국 간 갈등이 있는 트럼프 정권도 미일 관계만은 매우 양호한 편이다. 일본 외교에 미일 동맹 강화와 양국 정상 간 신뢰구축은 가장 중요한 생존전략이다. 아베 신조 총리와 트럼프 대통령은 정상회담과 빈번한 전화 회담을 통해서 대북, 대중 정책에서 공조를 모색하였다. 미일동맹의 시각에서 한반도의 정치, 안보 지형이 영향받지 않도록 주시할 필요가 있으며, 소위 '코리아 패싱'이 발생하지 않도록 한미, 한미일 간 소통과 협력을 구축해야 한다는 지적이 나왔다.

4. 전환점에 선 한일관계

                    2018년 1월, 위안부 검증 보고서 발표 이후 한국 정부가 어떤 외교적 선택지를 정할지는 일본 정부로서는 초미의 관심사였다. 문재인 대통령은 일본군'위안부'와 강제 징용 등, 한일 간의 역사문제에 대해 원칙적인 입장을 분명히 밝혔다. 인류의 보편적 가치와 국민적 합의, 피해자의 명예 회복과 보상, 진실규명과 재발 방지 약속 등, 국제사회의 원칙이 필요함을 강조하였다. 1990년대 중반부터 국내 강제 징용 피해자들은 미쓰비시중공업이나 신일철주금(현재 일본제철) 등 일본기업을 대상으로 소송을 제기해 왔다.

    당시 국내 대법원에는 2심 판결 이후 수년간 선고가 미뤄진 소송 3건이 계류되어 있으며, 이들의 향방에 대해 일본 정부는 주목하고 있었다. 2017년 8월 취임 100일 기자회견에서 1965년 한일청구권협정에도 불구하고 개인보상 청구권이 남아있다는 문재인 대통령의 원칙론에 대해 일본 정부는 공식 항의하였다. 한국 대법원이 일본기업의 배상책임을 인정할 경우, 일본 정부가 국제사법재판소 제소를 불사할 것이라는 예상도 있었다. 2018년 10월 대법원에서 강제 징용 피해자 최종 승소 판결이 났고, 2019년 7월 아베 정권은 한국에 대해 부당한 수출규제를 단행하였다.

2018년 상반기는 한일관계에서 중요한 전환점이었다. 2월 9일 평창 동계올림픽 개막식에 아베 총리의 참석과 한일 정상회담, 한일 간 셔틀 외교 부활과 문재인 대통령의 방일, 한 해 늦어진 2019년 중국 청두(成都)에서 한중일 정상회담 등에 관심이 높았다. 위안부합의 검증보고서를 토대로 문재인 정부는 현명한 선택지를 가지고 대일정책을 추진하고자 하였다. 2018년 1월 강경화 외교부 장관은 2015년의 한일 위안부합의를 전제로 재협상은 없다고 선언하였다. 북핵과 미사일 위기에 대한 한미일 안보협력, 2018년 2월 평창올림픽의 성공적인 개최, 임기 중반 이후 국제정세를 관리하는 것도 중요하였다.

1990년대 이후 진보와 보수 간 정권교체를 경험하면서, 진보정권의 한일 협력 모델이 생겨난 것은 매우 긍정적이었다. 한국 진보-일본 보수 간 1998년 10월 김대중·오부치 "21세기 새로운 한일파트너십 선언"은 양국 관계를 크게 발전시켰다. 김대중 정부의 대일정책은 일본문화 개방과 한류 붐, 2002년 월드컵 공동 개최, 실질적인 안보협력 추진 등 좋은 선례를 남기고 있다. 노무현 정부는 한미FTA 체결, 이라크 파병을 통하여 한미관계를 보다 성숙한 동맹으로 발전시켰다. 실용주의와 리얼리즘이 한국 진보정권의 외교적 자산이자 전통임을 확인할 수 있다. 2018년 10월 한일파트너십 공동선언 20주년을 맞이하여, 문재인 대통령은 한일 공동선언에는 위대한 선인들의 지혜와 비전이 담겨있고, 이를 계승하여 발전시키는 것이 시대적 요청이라고 강조하였다.

제2장

한일 갈등의
기원으로서 대북정책

1. 대북정책과 한일관계

동북아 평화와 안정을 지향했던 한일파트너십 공동선언의 정신과 달리, 일본 아베 정권은 북한 핵과 미사일에 대해 강경한 대북 제재를 주도하였고, 납치자 문제로 북한을 압박하였다. 이러한 과정에서 대북정책을 둘러싸고 한일 간 격차가 드러나기 시작하였다. 특히, 문재인 정부기 동북아 외교 전략, 한반도 비핵화를 둘러싼 한일 양국 간 목표와 전략의 격차가 커졌고, 역사문제 못지않게 중요한 갈등 요인으로 작용하기 시작하였다.

한반도 비핵화와 동북아 평화 번영을 주장하는 한국에 비하여, 대북 불신과 대중 견제, 미일 공동의 인도·태평양 전략을 주장하는 일본은 그 격차가 두드러지면서 양국 간 전략적 이익을 공유하지 못했다. 한반도 비핵화에서 남북·북미대화와 대북 제재 완화를 주장하는 한국에 대하여, 일본은 완전한 북한 비핵화에 이르기까지 대북 제재 강화와 납치자 문제 해결을 주장하였다. 한일 갈등의 주요 원인으로, 역사와 영토 변수 외에도, 한일 간 동북아 외교 전략의 차이, 한반도 비핵화를 둘러싼 한일 간 인식과 접근법이 크게 달라 신뢰 구축이 결여된 점에 주목할 필요가 있다.

2018년 한일 국민교류가 사상 처음으로 1천만 명 시대를 맞이하였고, 전화 회담을 포함하여 16회가 넘는 양국 정상 간 회담에도 불구하고, 한일 관계가 개선될 전망은 높지 않았다. 2018년 10월 강제징용 대법원판결 이후, 사법부 결정을 존중하는 한국 측 입장과 국제법 위반이라는 일본 측 주장 간 대립, 제주 국제관함식에서 욱일기 사태로 인한 일본 자위대의 불참 결정, 11월 화해·치유재단 해산과 위안부합의 파기 논란, 12월 일본 초계기의 저공비행과 화기관제 조사(照射) 주장으로 인한 한일 간 레이더 갈등 등 잇따른 악재를 둘러싸고 한일관계의 위기를 지적하는 목소리가 높았다.[2] 한일 양국은 빈번한 정상회담과 외교장관 회담,

---

2) 한일관계 위기에 대한 국내외 언론의 관심이 높다. The Times(2019/01/17), "역사문제로 상호 충돌: 왜 한국과 일본은 친하게 지내지 못하는가?". 2019년 초와 같이 한일관계 전망이 비관적인 때가 없었다. 일본의 잔혹한 식민통치에 인해, 독립 후 75년이 지났지만, 한국인들은 이를 기억하고 있다.; 문화일보(2019/01/11), "신 각수 전주일대사 인터뷰, 한·일수교 53년간 이렇게 장기적 위기는 없었다."; 조선 일보 사설(2019/01/09), "대일 외교는 위험 수위."; 오마이뉴스(2019/01/08), "한일

엄청난 인적 교류 증가에도 불구하고, 정부와 국민 간 신뢰 관계를 구축하지 못한 상태이었다.

지금까지 한일 간 갈등과 대립을 설명하는 주요 변수는 역사와 영토 문제로 인식되었다. 냉전기에 국익과 실리를 위해 한일 양국이 안보와 경제협력을 우선시하였다면, 탈냉전기 들어 과거사 문제로 한일 양국 간 갈등이 격화되고 있다는 주장이 대부분이다.[3] 냉전기에 한일 간 정치적 봉합으로 성립된 1965년 청구권 체제하에 억눌려진 피해자를 구제하려는 이행기 정의론(Transitional Justice Theory) 시각이 확산하면서, 한국 민주화 이후 강제 징용과 위안부 문제 등 한일 갈등이 두드러지고 있다는 것이다.[4] 한편, 강한 일본이 되기 위한 아베 내각의 국가전략이 아

갈등에 팔짱끼는 미국..홀로서기가 시작됐다." 등은 그 사례이다. 대부분의 일본 언론은 한국이 국제규범과 약속을 지키지 않는 나라라고 비난하고 있다. 고노 타로(河野太郎) 외상은 강제징용 대법원 판결을 국제법에 대한 폭거라고 주장하였다 (연합뉴스, 2018/11/06). 한일관계가 중요하지만, 굳이 양국 정부가 관계를 개선할 필요성을 느끼지 못하고 있다는 지적도 있다. 木村幹 (2017/06/07), "両国とも関係改善を望んでいない.", 『日本と世界-世界の中の日本』.

3) 이종원(1996), 『東アジア冷戦と韓日米関係』, 東京大学出版会. 그는 한일 간 식민지배 청산과 역사인식을 둘러싸고 미국의 동아시아 냉전전략의 불완전한 고리로 남았다고 지적한다. 富樫あゆみ(2017), 『日韓安全保障協力の検証』, 亞紀書房는 한일 간 안보협력을 저해하는 잠재적 요인으로 한국내 역사적 기억을 들고 있다. 조양현(2017), 『동아시아 국제질서 변화와 한일 과거사 문제: 과거사문제의 다자화 및 전략화가 한일관계에 주는 함의』, 동북아역사재단 연구보고서에서 "과거사 갈등이 한일 간 안보협력을 방해하고 있다"고 주장한다.

4) 아사노 도요미(2018), "동아시아의 화해의 방향성에 대하여- 민주주의와 국민감정, 역사 기억 그리고 인권.", 동북아역사재단 주최 『10.30 대법원 판결관련 강제동원 문제 논의』 (2018/12/16), p.85.

시아를 위협으로 인식하고, 미일 관계에 기반하여 아시아를 타자화하고 있으며, 아시아의 전쟁 기억과 전후를 부정함으로써 중국, 한국, 북한과 충돌한다는 지적도 있다.[5]

이들 주장은 한국의 대일 원칙 외교와 일본의 역사·영토 왜곡으로 인한 국제적 갈등이 양국 관계를 악화시키고, 한국의 반일 정서와 일본 내 혐한론 확산으로 이어지는 악순환을 지적하고 있다.[6] 2005년 3월 시마네현 독도의 날 조례 통과후 '각박한 외교전쟁'을 거론한 노무현 정부의 대일 신독트린 발표, 2011년 8월 헌법재판소의 위안부 문제 위헌 판결 후 한일 정상회담의 사실상 결렬, 2012년 8월 이명박 대통령의 독도 방문, 2015년 12월 한일 위안부합의까지 악화 일로를 걸었던 박근혜 정부의 대일정책은 이를 입증하는 중요한 사례로 거론되어 왔다.

그러나 한일 갈등이나 협력이 단지 역사와 영토 문제에만 기인하는 것이 아니고, 대북정책과 동북아 외교 전략의 차이에서 생겨난 것이라

---

5) 오승희(2018), "강한 일본을 위한 아시아의 타자화", p.234, 박철희 외, 『아베시대 일본의 국가전략』, 서울대학교출판문화원.

6) 장달중(2008)은 "세계화와 민족주의 사이의 한일관계: 상호 경시적 흐름에 대한 고찰" 『한일공동연구총서』, pp.19-22.에서 한일 역사갈등이 한일관계를 악화시키는 구조를 만들어 낸다고 진단하고 있다. 이원덕(2009)은 "노무현 정부의 대일정책 평가" 『일본연구』, pp. 351-369.에서 한일 간 역사마찰은 양국 국민간 역사인식의 차이에서 온다고 보고 단기적인 해결은 어려우며, 악영향의 최소화가 중요함을 강조하고 있다. 이신철(2012)은 "국가간 역사갈등 해결을 위한 역사정책 모색", 『역사비평』, pp.222-244.에서 한일 간 역사갈등이 일본 우익의 아시아패권 전략에서 출발했다고 지적한다. 양기웅(2014)은 "한일관계와 역사갈등의 구성주의적 이해", 『국제정치연구』(2014/12), 17(2), pp.171-191.에서 한일 갈등과 망언 빈도간에 일정한 상관관계가 있음을 입증하고 있다.

는 지적도 있다. 특히, 한국의 진보 정권과 일본 정부 간 갈등과 대립은 역사와 영토 변수뿐만 아니라, 대북 인식과 동북아전략의 격차에서도 발견할 수 있다는 것이다. 니시노 준야(西野純也)에 따르면, 노무현 정부의 외교 안보 정책과 한일관계를 고찰한 결과, 2005년 한일 간 관계 악화는 야스쿠니 신사참배, 교과서 문제, 독도 영유권 등 역사문제로 발생한 것이지만, 마찬가지로 중요한 것은 북한 문제나 중국의 대두, 그리고 대미 동맹관계 등, 동아시아의 지정학을 둘러싼 국제정세에 대해, 한일 양국 간 상이한 인식과 대응에 기인한 것으로 결론내리고 있다.[7]

진보정권이면서도 김대중 정부기에 한일 갈등이 적었던 것은, 한일 간 근본적인 대북 인식과 동아시아 외교 전략이 상당 부분 일치했기 때문이라는 역발상적인 설명도 가능하다. 1998년 10월 김대중·오부치 한일 파트너십 공동선언에 따르면, 오부치 총리는 김대중 대통령의 대북 정책에 대한 지지를 표명하였으며, 상호 긴밀히 연대하기로 합의하였다. 북한 미사일 발사에 대한 유엔안보리 발표에 양국은 공동보조를 맞추는 등, 한일 간 전략적 목표가 접근해 있었다. 아세안+3, 동아시아 공동체라는 지역주의 정책에서도 한일 양국은 공감대를 형성하고 있었다.[8]

따라서, 한일 갈등이 단지 역사와 영토 문제에 기인하는 것이 아니며,

---

7) 西野純也(2019), "盧武鉉政権期の日韓関係ー韓国の新しい秩序の台頭.", 『法学研究(慶応大学)』(2019/01), 92(1).

8) 양기호(2017), "한일관계 50년의 성찰-1998년 한일파트너십 공동선언의 합의와 경과.", 『한일관계 50년의 성찰』, 도서출판 오래, pp.146-180.

양국 간 외교 전략과 대북 인식의 격차도 마찬가지로 심각한 갈등 요인임에 주목할 필요가 있다. 실제로 문재인 정부 이후 동북아전략이나 대북 인식의 격차가 크고, 역사 갈등으로 더욱 확산하였다는 가설을 제기하고 다양한 자료를 통하여 논지를 입증하고자 한다. 말하자면, 한일 양국 간 대북 인식과 동아시아 외교 비전의 차이가 두드러졌고, 한반도 비핵화와 평화 체제 구축에 있어서 양국 간 인식과 접근법이 크게 달랐다는 점에 초점을 맞출 필요가 있다.

2. 한일 협력과 갈등의 이중주

2018년 한일파트너십 공동선언 20주년을 맞이하여 한일 양국은 정상 간 빈번한 소통과 대화로 미래지향적인 양국 관계를 추구할 것으로 기대되었다. 문재인 대통령은 2018년 3.1절 기념사, 8.14 일본군위안부 기림일 메시지, 8.15 광복절 경축사 등을 통하여 일본 정부의 진정성 있는 사죄와 반성, 보편적인 국제규범을 중시하는 일관된 입장을 유지하였다. 한편, 양국 간 대화채널 활성화, 인적교류 증진, 경제협력 강화를 통해 한일관계가 미래지향적으로 구축되어야 한다는 투트랙 기조(two track approach)를 수 차례 강조해 왔다.[9]

2018년 10월은 김대중 대통령과 오부치 게이조(小淵惠三) 총리 간 21세기 한일파트너십 공동선언을 발표한 지 20주년에 해당하며, 한일관계에서 매우 중요한 분기점이었다. 문재인 대통령은 김대중·오부치 공동선언을 위대한 지도자의 결단으로 높이 평가하였으며, 아베 총리도 한일파트너십 선언 20주년을 통한 한일 양국 관계의 강화를 언급한 바 있다.[10] 아베 신조(安倍晋三) 총리는 5월 9일 도쿄에서 열린 한일 정상회담에서, 그리고 5월 15일 한일·일한 경제협회 창립 50주년에 참석하여 "올해는 일한 간 파트너십 20주년이라는 아주 기념할 만한 해로, 일본과 한국의 관계를 여러 분야에서 강화했으면 한다"고 발언하였다.

한일 정상과 외교 당국 간 대화와 소통은 적어도 통계상으로 본다면, 매우 원활한 편이었다. 이전 박근혜 정부와 비교하면 문재인 정부는 1년 5개월 만에 한일 정상 간 직접 회담 5회와 전화 회담 11회, 양국 외교

---

9) 투트랙 기조는 역사와 영토면에서 국익우선과 보편적인 국제규범의 원칙을 중시하는 한편, 사회문화와 경제·통상 면에서 미래지향적인 양국관계를 구축한다는 문재인정부의 대일 전략이다.

10) 문재인 대통령은 일본 요미우리신문과 인터뷰에서 다음과 같이 밝히고 있다. 讀賣新聞(2018/05/08), "한국의 '투트랙' 전략은 『김대중·오부치 21세기 새로운 한일파트너십 공동선언』의 정신과 궤를 같이 하고 있다. 이것은 과거와 미래 사이에서 어떻게 한일 관계를 발전시켜 나갈지에 대한 선대 지도자들의 고심의 산물이며, 두 위대한 지도자의 지혜와 비전을 담고 있다. 김대중 대통령은 이 선언에서 '양국이 과거의 불행한 역사를 극복하고 화해와 선린, 우호협력에 입각한 미래지향적인 관계를 발전하기 위해 서로 노력하는 것이 시대적 요청'이라고 천명한 바 있다. 오늘날에도 이 '시대적 요청'은 여전히 유효하다. 미래지향적 한일관계 구축의 해법은 김대중·오부치 공동선언의 정신으로 돌아가, 이를 계승, 발전시켜 나가는 것이라고 나는 믿는다."

장관은 전화 회담과 직접 회담 23회 등 빈번한 소통과 대화를 유지해 왔다. 아래 〈그림 1〉에서 알 수 있듯이 박근혜 정부기 2013년, 2014년은 아예 한일 정상회담이 없었고, 2015년, 2016년의 경우 전화 통화를 제외하면, 직접 회담은 각 1회에 불과하였다.

〈그림 1〉 한일 고위급회담 추세(2013~2018)

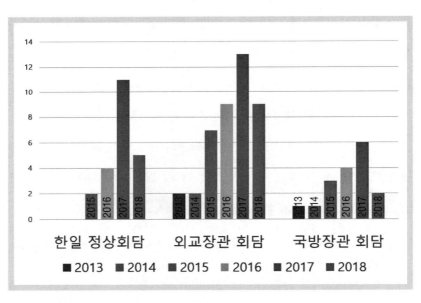

반면에 문재인 정부기 2017년, 2018년간 한일 정상회담은 직접 5회, 전화 회담 11회로 합계 16회에 달했다. 한일 외교장관 회담은 2013년과 2014년 각 2회에 그친 반면, 문재인 정부 들어서 2017년 13회, 2018년 9회에 이르렀다. 한일 국방장관 회담도 2013년, 2014년 각 1회에 그쳤지

만, 2017년 들어와 6회, 2018년 2회에 이르고 있다.[11]

　아래 〈그림 2〉 한일 상호 방문객 증가 추세(2014년~2018년)에서 알 수 있듯이, 2018년 들어 한일 간 인적 교류는 무려 1,049만 명에 달할 정도로 급증하였다. 방한 일본인은 295만 명으로 전년 대비 27%가 증가했으며, 방일 한국인도 754만 명에 이르러 사상 최대를 기록하였다. 남북한 평화무드가 확산하면서 일본인의 한국 방문이 늘었고, 한류붐 주요 고객인 일본의 20~30대와 여성들은 냉각된 한일관계를 별로 의식하지 않고 있다(조선일보, 2019/01/28). 한일관계 악화에도 불구하고 방탄소

〈그림 2〉 한일 상호 방문객 증가 추세(2014년~2018년)

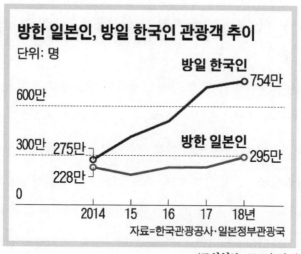

(조선일보, 2019/01/28)

---

11) 김숙현(2019), "한일관계 관리 방안", 『제7차 국가안보전략연구원- 일본국제문제 연구소 학술회의』(2019/01/18).

년단과 트와이스의 K-pop, 한국 화장품으로 대변되는 K-Beauty 등, 제3의 한류붐은 더욱 활성화되고 있다.

한일 정상과 외교 당국 간 번번한 대화와 소통, 한일 양국 국민교류 1천만 시대에도 불구하고, 한일 양국 간 호감도는 크게 개선되지 않았고, 대북 인식 등에서 커다란 차이를 드러냈다. 일본에 대한 인상이 '좋다'고 응답한 한국인의 비율은 2016년 21.3%, 지난해 26.8%에 이어 올해 28.3%로 매년 조금씩 증가하는 추세를 보였다. 반면 한국에 대해 '좋다'고 대답한 일본인은 2016년 29.1%, 지난해 26.9%, 올해 22.9%로 줄어들어 한일 간 호감도가 역전되는 현상을 보였다. 북핵 문제 해결에 비관적인 전망은 한국이 23%에 그친 데 비하여 일본은 무려 65%에 달해, 한반도 비핵화에 대한 한일 간 인식차가 두드러졌다(조선일보, 2018/06/19).[12]

문재인 정부의 대일 투트랙 전략은 별다른 실효를 거두지 못한 채, 양국 간 갈등은 더욱 심화하였다. 일본 정부는 문재인 정부의 투트랙 전략을 역사 우선주의로 간주하고, 화해·치유 재단 해산과 강제징용 대법원 판결에 반발하였다. 일본 정부와 언론계는 사실상 위안부합의 파기로 비난하면서(뉴스1, 2018/11/21), 한국을 '약속을 지키지 않는 나라'로 매도하기 시작하였다. 2018년 10월 제주 국제관함식 참가를 둘러싼 욱일기(旭日旗) 사태에 일본 측은 더욱 반발하였다.

---

12) 동아시아연구원·겐론NPO 공동연구(2018), "제6회 한일국민 상호인식 조사."

한국 대법원은 2018년 10월 30일 일제 강제징용 피해자들에게 일본 전범 기업의 손해배상 책임을 인정하고, 피해자들에게 1인당 1억 원씩을 지급하라고 판결했다. 1910년 한일 강제 병합은 불법이며, 일본 전범 기업의 불법행위는 청구권 협정에 포함된다고 볼 수 없음을 확인하였다. 피해자들의 청구권은 일본 침략전쟁의 수행과 직결된 반인도적 행위에 대한 것이며, 한반도 지배의 불법성을 전제로 하지 않는 협정이 피해자 개인의 청구권에 적용될 수 없다는 것이다. 이에 대해 고노 다로(河野太郎) 일본 외무대신은 한국의 대법원 판결이 "국제적인 폭거이며, 국제질서에 대한 도전"이라고 맹렬히 비난하였다(한겨레신문, 2018/11/06).

일본 정부는 전후 한일관계의 기본을 흔드는 판결로, 한일 간 외교 분쟁화시켜 국제적인 쟁점으로 부각하려 하였다. 한국 정부는 국무총리 담화문을 통하여 사법부의 판단을 존중하며, 피해자에 대한 위로, 미래지향적인 한일관계를 강조하였다. "사법부 판단은 정부 간 외교 사안이 아니며, 대법원 판결은 1965년 한일기본조약을 전제로 적용 범위를 판단한 것으로, 일본 측의 자제와 현명한 대처를 요망한다"고 발표하였다(한겨레신문, 2018/11/06).

한일 양국 간 갈등이 이어지면서 일본 측은 다양한 방식으로 한국을 더 한층 압박하였다. 2018년 12월 20일 일본 측의 문제 제기로 시작된 '레이더 논란'은 한일 관계를 더욱 긴장에 이르게 하였다. 일본은 한국

해군 함정이 동해상에서 조난당한 북한 선박을 구조하는 과정에서 인근 상공을 날던 일본 해상자위대 P-1 초계기에 사격통제용 화기관제 레이더를 조사(照射)했다고 주장하였다. 한일 외교장관이 전화 통화를 갖고 양국 국방 당국 간 협의를 통해 이견을 해소해 나갈 필요가 있다는 데 공감했지만, 한일 양국의 국방부와 방위성 간 갈등으로 확산되었다(세계일보, 2019/01/05).

3. 한일 갈등의 원점과 외교 비전

한일 간 1천만 인적 교류의 시대에, 양국 정상과 외교 당국 간 빈번한 대화에도 불구하고 한일 갈등은 왜 더욱 심해지는 것일까. 위안부 문제와 강제 징용 대법원 판결 등, 역사문제 외에 한일 양국 간 한반도 비핵화와 평화 체제, 특히 대북 인식과 동북아전략의 불일치, 이에 따른 양국 간 신뢰 구축의 부족이 중대한 갈등 요인이 될 수 있다. 문재인 정부는 한반도 비핵화와 동북아 평화 번영을 외교 비전으로 제시하였고, 2018년 2월 평창올림픽에 북한 선수단 참가, 2018년 4월, 5월, 9월 세 차례에 걸친 남북 정상회담, 2018년 6월 한국전쟁 이후 처음으로 북미 정상회담이 열리면서 동북아지역에서 새로운 평화 체제로의 전환을 적극적으로 모색해 왔다.

문재인 대통령은 2017년 7월 독일을 공식 방문하고 신베를린 선언을 발표하였는 바, 북한의 체제 보장과 한반도 비핵화를 강조하고, 냉전 구조 해체와 항구적 평화 정착을 위한 5개 방향을 제시하였다. 여기에는 남북 교류협력과 종전선언, 남북간 철도연결과 한반도 신경제 구상, 북한의 붕괴나 흡수통일 배제, 남북대화 재개와 이산가족 상봉, 북한의 평창 동계올림픽 참가 등 실천 과제를 제시하였다.[13]

문재인 정부의 외교·안보·통일정책의 캐치 프레이즈는 '평화와 번영의 한반도'로, 동북아플러스 책임공동체 형성, 주변 4국과 당당한 협력 외교 추진, 국민외교와 공공외교, 국익 증진의 경제외교와 개발 협력, 전략적 경제협력이 포함되었다. 한반도 비핵화와 평화 체제 구축이 가장 중요하며, 이를 위하여 단계적, 포괄적, 근본적 해결을 추진한다는 것이다. 한반도 신경제지도에서 환동해와 환황해 경제벨트, 접경지역 평화 벨트를 구축하고, 한국·북한·일본·중국·러시아·몽골 등 동북아 6개국과 미국이 함께 하는 동아시아 철도공동체를 형성하여, 동북아의 경제발전과 공동번영을 이루고자 한다. 신 북방외교를 통하여 북한과 중국, 러시아로 확장되고, 신남방외교를 통하여 아세안과 인도 간 협력관계를 크게 강화한다는 것이다.[14]

---

13) 청와대 홈페이지(2017/07/06), 쾨르버재단 초청 연설.
14) 청와대 국가안보실(2018), 『문재인정부의 국가안보전략』(2018/11), pp.83-94.

반면, 일본의 『외교청서』는 지속적으로 북한의 핵과 미사일, 중국의 군비증강을 위협으로 인식해 왔다. 2017년부터 아베 정권은 북한의 핵 실험과 미사일 발사에 대해 새롭고 임박한 위기로 설정하고,[15] 일본과 국제사회의 평화 안정에 엄청난 위협이 되고 있다고 적고 있다. 일본은 납치 문제의 해결 없이 북한과의 수교는 불가능하다는 인식하에 가장 중요한 과제로 설정하고 있으며, 모든 납치자의 즉시 귀국, 진상규명, 책임자 처벌 등을 강하고 요구하고 있다. 유엔에서도 대북 인권 결의안을 주도하여 2017년 3월, 2017년 12월 두 차례에 걸쳐 제출한 결의안이 통과되었다(日本経済新聞, 2017/08/08). 2017년 10월 자민당 총선거 책자에서 아베 총리는 북한의 위협과 저출산 고령화를 일본이 마주한 두 개의 국난이라고 규정하였을 정도이다. 외부 위협으로서 북한 핵과 미사일 위기, 납치자 문제라는 북한의 위협을 강조하는 북풍(北風)이 총선거에서 활용되었고, 이는 실제로 선거 승리의 주요한 요인이 되었다.[16]

2017년 2월 11일 아베 총리와 트럼프 대통령은 미일 정상회담에서 북한의 핵 개발과 미사일 발사를 포함한 도발에 반대하며, 유엔안보리 대북 결의안의 엄격한 이행에 일치하였다. 미일 동맹은 강고하며, 납치

---

15) 日本経済新聞(2017/08/08), "防衛白書. 北朝鮮の脅威 新段階, ICBMに懸念."
16) 황세희(2018), "전쟁 가능한 일본을 향한 안보정책 전환", p.209. 박철희 외, 『아베시대 일본의 국가전략』, 서울대학교출판문화원.

자 문제의 조기 해결에 합의하였다는 발표가 나왔다.[17] 같은 해 11월 6일 미일 정상회담에서도 북한에 대한 전략적 인내는 이미 끝났으며, 대북 압박을 최대한으로 높이는 데 동의하였다. 아베 총리는 "대북 군사적 공격을 포함한 모든 선택지가 테이블 위에 있다"는 트럼프 정권의 방침을 분명히 지지하였다. 아베 총리는 대북 독자 제재를 발표하였으며, 여기에는 자산동결과 북한 선박의 입항 금지도 포함되었다(每日新聞, 2017/11/07).

일본 정부는 대중국 견제 성격을 띤 "미일 공동으로 자유롭고 개방된 인도·태평양 전략을 추진"할 것을 표명하였다. 일본 정부는 무력과 테러에 의해 일본과 세계의 자유민주주의, 인권과 법의 지배라는 기본가치와 국제질서가 도전받고 있다고 주장하였다. 중국은 일방적이고 투명성이 결여된 채, 국방력을 빠른 속도로 증강하고 있으며, 남중국해에서 현상 변경을 시도하고 있다고 비난하였다.[18] 따라서, 자유롭고 개방된 인도·태평양 지역을 법의 지배 아래 국제질서의 확보, 항행의 자유, 분쟁의 평화적 해결 등을 통하여 인도·태평양 지역을 국제 공공재로 삼아 평화와 안정, 번영을 추구하겠다는 것이다.[19]

아베 총리의 가치관 외교와 인도·태평양 전략은 가상적인 중국 봉쇄

---

17) 讀賣新聞(2017/02/12), "日米首脳会談の共同声明全文."
18) 日本外務省(2018), 『外交靑書 2018』.
19) 日本外務省(2014), 『自由で開かれたインド太平洋』.

론을 포함하여 매우 전략적이고 대립적인 구도를 그리고 있다. 문재인 정부의 동북아플러스 책임공동체와 같은 지역 내 국가 간 평화 번영보다는 대북, 대중 억지력 확보와 봉쇄전략이 외교정책의 수단으로 활용되고 있다. 일본은 아시아의 민주화나 시장경제, 해양의 자유항행 등, 국제규범을 강조하고 있다. 일본은 미국과 공동으로 자유민주주의 질서를 옹호하는 파트너로서 인도, 인도네시아, 아세안, 호주 등을 들고 있다. 이들 국가와 연계한다면 바람직한 국제규범과 질서를 공유한 동아시아 지역주의를 모색할 수 있다고 주장한다.[20]

　2018년 4월 27일 문재인 대통령과 김정은 위원장 간 남북 정상회담에서 한반도의 평화와 번영, 통일을 위한 판문점 선언이 발표되었다. 여기에는 한반도 비핵화, 항구적 평화 체제 구축, 남북 관계의 획기적 개선이 포함되었다. 남북한 당국이 종전선언과 평화협정을 추진하고 남·북·미 3자회담 또는 남·북·미·중 4자회담을 적극 추진하기로 합의하였다.[21] 2018년 4월 17일 제6회 미일 정상회담에서 아베 총리는 북한의 완전하고 검증 가능한, 불가역적인 핵무기와 미사일 폐기(CVID)를 다시 한번 확인하였다. 아베 총리는 미일 양국이 국제사회를 주도하면서 최대한의 대북 압박을 전개한 결과, 북한이 협상테이블에 나온 점을 강

---

20) 日本国際問題研究所(2014), 『インド太平洋時代の日本外交』(2014/03), pp.4-8.
21) 주요 내용은 아래 2018 남북정상회담 공식 사이트를 참고할 것.
　　http:..www.koreasummit.kr.

조하였다.[22]

한일 대북 인식의 격차는 별다른 거부감없이 노골적으로 드러나기도 하였다. 무토 마사토시(武藤正敏) 전 주한 일본대사는 문재인 정부를 비난하면서, 한일관계의 중요성을 아무리 설명해도, 문재인 당선자는 오직 북일 관계에 질문을 집중할 정도로 일본에 무관심하고 북한을 중시했다고 지적하고 있다.[23] 반대로, 한국에서 일본을 한반도 평화 체제의 방해 세력으로 보는 시각도 있다. 일본은 남북 관계가 개선될 조짐이 보일 때마다 방해하고 있으며, '한국이 북한과 결탁하고 있다고 과장해서, 미국 내 반한 분위기를 조성한다'고 비난하였다.[24]

문재인 정부는 한반도 비핵화와 평화 체제 구축을 가장 중요한 외교 목표로 설정하였다. 이 과정에서 대북 제재 등을 둘러싸고 한일 간 인식과 정책 면에서 격차가 크게 두드러졌다. 북한 비핵화와 상응한 단계적 제재 완화를 지지하는 한국과 중국에 대하여, 일본은 완전한 비핵화 없이 절대 대북 제재 완화는 안된다고 주장하였다. 한국이 영변 핵시설 폐기 대신 개성공단과 금강산관광 재개 등의 대북 제재 완화라는 상응 조치를 제안한 반면,[25] 일본은 북한의 핵무기, 핵시설과 중단거리 미사일

---

22) 朝日新聞(2018/04/18), "米朝会談で拉致問題提起 日米首脳、圧力維持で 一致."

23) 武藤正敏(2017), 『韓国人に生まれなくてよかった』, 悟空出版(2017/05).

24) 김종대(2019), "일본은 한반도 평화체제 방해세력", 『김경래의 최강시사』(2019/01/04).

25) 한국일보(2019/02/04), "정의용·비건 청와대서 면담..북미 실무협상 앞두고 의견

48   문재인 정부와 한일관계

의 신고와 사찰, 검증과 폐기에 이르는 완전한 비핵화를 주장하였다.[26] 한국의 신남방정책이 경제적 측면이 강한 반면, 일본은 대중 견제 성격이 강한 인도·태평양 전략을 추진해 왔다. 한반도 비핵화와 평화 체제 구축을 둘러싼 한일 간 인식 격차는 잇달아 발생한 한일 간 역사 갈등의 악재와 함께 양국 관계를 더욱 악화시켰다.[27] 한일 간 동아시아 외교 정책의 격차는 물론, 한반도 비핵화를 둘러싼 정책상 엇박자가 두드러졌다.

조율."

26) 아베 총리는 거듭해서 중의원 본회의나 예산위원회에서 북한은 완전하고, 검증가능하고, 불가역적인 비핵화를 규정한 유엔 안보리 결의를 이행해야 한다고 강조한 바 있다. "北朝鮮の完全、検証可能、不可逆的な非核化をうたっている安保理決議の履行が重要である", 『국회회의록 검색시스템』, 본회의(2018/05/28). 중의원예산위원회(2018/11/05)

27) 최근 양국의 불신감이 팽배해진 배경에 동아시아 냉전체제 전환기에 대북 전략과 향후 국제질서를 둘러싼 인식차가 있다고 진단했다. 북한 비핵화와 관련한 단계적 제재 완화를 이행해 평화 체제로 가고자 하는 한국과, 철저한 비핵화 검증을 이행하려는 일본의 외교 전략이 엇박자를 내고 있다. 毎日新聞(2019/02/01), "論点: きしむ日韓関係."을 참조할 것.

4. 한반도 비핵화를 둘러싼 한일 갈등

한일 양국은 미국에서 열린 한미일 정상회담에서 한미 군사훈련 연기를 놓고 정면충돌하였다. 문재인 대통령은 2017년 9월 22일 유엔총회 참석차 미국 뉴욕을 방문한 한미일 정상 간 업무 오찬에서 "일본은 우리의 동맹이 아니다"라는 입장을 명확히 밝혔다. 한·미 동맹을 넘어 일본이 요구하는 한·미·일 군사동맹은 받아들일 수 없다는 뜻을 강조한 것으로 볼 수 있다(연합뉴스, 2017/11/05). 2018년 2월 평창올림픽을 앞둔 한일 정상회담에서 문재인 정부와 아베 정부 간 대북정책의 차이가 더한층 극명하게 드러났다.

2018년 2월 한일 정상회담에서 아베 총리가 평창올림픽으로 연기된 한미 군사훈련을 예정대로 진행할 것을 주장한 데 비하여, 문재인 대통령은 한국의 주권 문제이고 내정 사안으로 외국 정상이 직접 거론하는 것은 곤란하다는 입장을 밝혔다. 이에 대해 일본 자민당은 한반도 유사시 일본의 역할을 강조하면서 반발하였다(중앙일보, 2018/02/13). 아베 총리는 비공개 회담에서 "한미 군사훈련을 연기할 단계가 아니라며, 예정대로 진행하는 게 중요하다"고 강하게 주장하였다. 아베 총리는 비핵화에 대한 북한의 구체적인 행동을 강조하며 강경한 대북 제재 방침을 재확인하였다.[28]

문재인 정부는 한반도 비핵화와 평화 정착을 위한 양국 간 긴밀한 공조와 협력 강화를 통해 일본의 건설적 역할을 견인하고자 진정성을 가지고 노력하였다.[29] 한반도 비핵화 추진과정에서 일본 정부는 주체적인 액터로서 국제적 영향력을 행사하지 못했고, 오히려 저팬 패싱론이 나올 정도로 외교적 영향력은 제한된 것이었다. 일본 정부는 북한의 완전한 비핵화를 위한 검증과 사찰, 외교 당국 간, 정상 간 회담을 통한 납치

---

28) 일본 언론도 2월 11일 사설에서 요미우리신문의 "핵을 제외한 관계 개선은 있을 수 없다.", 아사히신문의 "비핵화 목표를 유지해야", 마이니치신문의 "북한 평화공세에 흔들려선 안된다" 등, 아베 총리의 입장을 지지하였다.

29) 청와대 국가안보실(2018), 『문재인정부의 국가안보 전략』(2018/12), pp.86-87. 이것은 노무현 정부에서 한일관계를 중시했던 초기 대일 인식의 기시감(旣視感, dejavu)을 연상시키고 있다. 2002년 9월 고이즈미 총리의 평양방문과 김정일 위원장과 정상회담 이후, 대북관계 개선에 집중하던 노무현 대통령은 고이즈미 총리의 리더십을 높이 평가하였고, 자신의 대북정책의 파트너로서 인식하였다. 小此木政夫(2005), "小泉政権の愚と３つの戦略.", 『論座』(2005/08), p.40.

자 문제 해결, 북미 간 대륙 간 탄도탄뿐만 아니라 북한 내 중단거리 미사일 포기 등을 요구해 왔다.

2018년 4월 29일 남북정상회담에서 판문점 선언이 발표된 이후, 문재인 대통령은 전화 통화로 아베 총리에게 내용을 전하고 협력을 요청하였다. 서훈 국정원장이 직접 일본에서 아베 총리를 재차 방문하여 공감대를 형성하기도 하였다. 5월 9일, 도쿄에서 열린 한중일 정상회담에서 한일 양국은 판문점 선언 지지, 납치피해자 문제에 대한 인식을 공유하였다. 한국 정부는 북미 간 중재뿐만 아니라, 납치자 문제에 대한 일본 정부의 입장을 수용하면서 한일 양국 간 긴밀한 협력을 추진하였다.

제7차 한중일 정상회담에서 대북정책을 둘러싸고 대화를 중시하는 한국과 중국에 비하여 일본의 대응은 소극적이었다. 문재인 대통령은 판문점 선언에 대한 한중일의 지지를 도출하는 데 성공하였지만, 일본 측은 비핵화와 대북 제재 비례적 추진이나 상응 조치 검토를 부정하였다. 중국은 한반도 비핵화와 평화 체제 구축을 동시에 추진할 의사를 밝혔으며, 한국은 이에 동조하였다. 심지어 중국은 일본이 대북 압박만을 주장한다면 논의구조에 들어올 필요가 없다고 비판하였을 정도이었다.[30]

문재인 정부는 북한 비핵화의 평화적 해결이라는 대북정책의 전환을 추진하면서 지속적으로 한미, 한일 간 소통과 대화를 모색해 왔다. 한

---

30) 朝日新聞(2018/05/06), "対話に動く中韓、圧力維持の日本　対北朝鮮の隔たりは？."

일 간 협력과 대화의 선순환이 북일 관계 개선을 촉진하고, 북일수교가 한반도 비핵화와 북한 인프라 개발에 미치는 긍정적인 요인에 주목하고 있었다. 문재인 대통령은 한반도 비핵화를 둘러싸고 '저팬 패싱이라는 일본 배제는 없다.' '북·일 관계 개선에 협력하겠다.' '일본인 납치자 문제 해결을 돕겠다.' 는 세가지 항목을 약속한 바 있다. 일본인 납치자 문제에 대한 아베 총리의 요청을 받아들여 4월 27일 판문점 회담에서 이 문제를 언급하였다.[31]

그러나, 수차례의 한미일 정상회담, 미일, 한일 정상회담에서 아베 총리는 한반도 비핵화를 위한 사찰과 검증, 대북 제재 완화에 반대, 납치자 문제 선결이라는 기존 입장을 고수하였다. 한반도 위기설이 나도는 가운데 일본은 대북 제재에서 미일 양국 간 입장은 100% 일치한다는 주장을 거듭 반복하였다. 이미, 한반도 비핵화를 둘러싸고 한일 양국 간에 상당한 시각차가 존재하고 있었다. 글로벌 대북 제재를 주장하는 일본 정부와 대북 불신이 강한 일본 국민은 남북한 대화와 한반도 비핵화에 대한 불신이 강했다.

제2차 북미 정상회담의 연기로 인하여 한반도 비핵화 일정이 주춤한 사이에 한일 간 대북 인식의 격차는 극대화되었다. 2018년 10월 문재인 대통령은 아셈(ASEM)회의 참석차 유럽순방에 나서서 각국 정상을 설득하였다. 프랑스, 영국 정상과 단독 양자 회담에서 북한 비핵화가 불가역

---

31) 서울신문(2018/05/29), "저팬 패싱없다. 일본 달래는 청와대."

적인 단계에 상응한 대북 제재 완화를 주장하였지만, 수용되지 못했다. 반면, 아베 총리는 영국과 프랑스, 유럽 상임의장 등 주요 인사와 정상회담, 그리고 아셈(ASEM) 회의 최종 결의문에서 완전한 북한 비핵화까지 대북 제재 완화 반대 입장을 관철하였다(産經新聞, 2018/10/31).

한일 양국 간 상호불신은 외교백서에 그대로 반영되기도 하였다. 한국은 2014~2016년간 일본을 "가치와 이해를 공유하는 소중한 이웃이자 동북아 지역과 세계번영과 평화를 위해 협력해야 할 동반자"로 표현하였지만, 2017년판 『외교백서』에서 대부분 삭제하였다. 일본도 외무성 홈페이지와 『외교청서』에서 한국에 관한 기술을 상당 부분 누락시켰다. 한국은 "가장 중요한 이웃 나라로 전략적 이익을 공유한다"는 표현을 사용하였지만, 별다른 수식어 없이 "다양한 협력을 통하여 미래지향적인 한일관계를 지향한다"로 기술하였다.

일본의 『외교청서』 2014년 판은 "한국은 자유, 민주주의, 기본적 인권 등의 가치와 지역 평화와 안정 확보를 위해 이익을 공유하는 일본에게 가장 중요한 이웃 나라"로 표현하고 있다. 여기에는 "가치의 공유, 이익의 공유, 가장 중요한 관계"라는 3개 요소가 포함되었다. 2015년에는 '가장 중요한 이웃 나라'로 줄어들었다가, 2015년 12월 한일위안부합의가 반영되어 2016년 판과 2017년 판에 "전략적 이익을 공유하는 가장 중요한 이웃 나라"로 바뀌었다. 그러나, 2018년 들어 다시 『외교청서』에서 한일 간 가치, 이익, 관계의 3개 요소 모두 생략되는 등 일본 정부의 한국 인식이 점차 악화하고 있음을 보여주고 있다.

<표 1> 아베 총리의 주요 한국관련 발언[32]

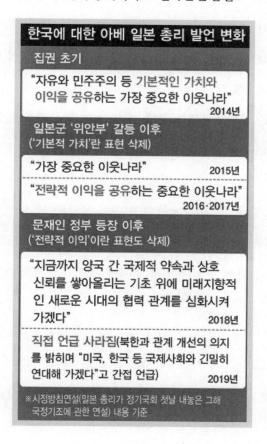

위의 <표 1>에서 알 수 있듯이, 아베 총리의 시정연설 등에서 한국 관련 내용의 변화를 확인할 수 있다. 2017년까지 "한국은 전략적 이익을

---

32) 한겨레신문(2019/01/28), "아베 시정 연설, 한국 의도적 무시."

공유하는 가장 중요한 이웃 나라로, 양국 간 국제 약속, 상호신뢰를 바탕으로 미래지향적이고 새로운 시대의 협력관계를 심화시키고자 한다"에서 2018년 1월 26일 시정연설에서 중국을 한국보다 우선시할 뿐만 아니라, 한일 간 전략적 이익을 공유한다는 기술 부분도 생략하였다.[33] 2019년 1월 28일, 아베 총리는 시정방침 연설에서 한국에 대해 사실상 언급조차 하지 않았다.

아베 총리는 시정연설에서 강한 미일 동맹, 정상궤도에 오른 중일 관계를 강조하였다. 북일 간 국교 정상화를 추진하겠다는 의사를 밝히면서도 한국의 전략적 지위를 저평가했다는 분석도 나왔다(한겨레신문, 2019/01/28). 결국, 한일 양국이 대북 인식과 동북아전략의 상이로 인하여 전략적 제휴 관계에서 상호 전략적 방치 상태로 후퇴하고 있으며, 전략적 판단보다 반일 무드나 역사 피로에 편승하고 있다는 지적이 나왔다(조선일보, 2019/01/05).

일본 정부는 안보 정책을 규정한 2018년 방위대강에서 안보협력 추진 대상 국가를 차례로 명기하면서 한국을 미국, 호주, 인도, 동남아 국가에 이어 다섯 번째로 지정하였다. 2010년과 2013년 민주당 정권기 『방위대강』에는 미국 다음으로 한국이 두 번째로 나왔지만, 한일관계가 악화하면서 밀려났다. 일본과 군사협력을 추진하는 인도나 호주 등 국

---

33) FNN PRIME(2018/01/17), "もはや共通の価値観もなし？韓国の対日表現削除は意趣返しか…危機深まる日韓関係."

가들을 우선 순위에 올려두겠다는 의도가 드러난 것이었다(중앙일보, 2018/12/31). 이에 맞대응하듯이 2019년 나온 한국의 『2018년 국방백서』는 한일 간 상호인식의 괴리를 여실히 보여준 것이었다. 한국의 『국방백서』는 한일관계와 관련해 일본과 '자유민주주의와 시장경제의 기본가치를 공유한다'는 관용적인 표현을 삭제하였다(연합뉴스, 2018/01/15).

2019년 2월 28일 베트남 하노이에서 열린 제2차 북미 정상회담에 앞서서 일본 정부는 어떠한 인도적 지원이나 경제협력도 거부한다는 입장을 분명히 하였다. 또한, 미국에 대하여 일본인 납치자 문제를 의제로 다루어야 한다고 주장하였다(한국경제, 2019/02/22). 회담이 결렬되자마자, 아베 총리는 트럼프 대통령의 판단을 적극 지지한다고 발표하였다. 한반도 비핵화와 대북 제재 완화를 둘러싸고 제2차 북미 정상회담에서 가시적인 성과를 기대했던 한국 정부와 커다란 대조를 보였다.

5. 요약과 시사점

　　　　　　　　　　　　　　문재인 정부의 한반도 비핵화
정책은 북한의 핵 포기를 전제로 전쟁을 방지하고, 종전선언과 평화 체
제를 추진하면서 동북아 지역 질서의 안정을 구축하고자 하였다. 냉전
의 관성과 대북 불신론에서 벗어나 약속과 신뢰, 공동 번영의 희망을 강
조한 것으로 볼 수 있다. 2018년 6월 싱가포르와 2019년 2월말 하노이에
서 열린 두 차례 북미 정상회담과, 3회에 걸친 남북 정상회담을 통해서
65년 동안 지속되었던 정전체제를 끝내고, 북미 수교를 통한 한반도 평
화 체제의 구축과 동북아 평화 번영으로 대전환을 모색하였다고 평가할
수 있다. 또한, 신남방정책을 통하여 아세안과 인도까지 포괄하는 외교

적 지평의 확대, 신북방정책을 전개하여 북한, 중국, 러시아 등 유라시아의 연계성 증진을 통한 역내 다자주의 협력을 진전시키는 동력 창출에 초점을 맞추고 있었다.[34]

문재인 정부의 외교안보 비전을 전제로 한일협력의 위치를 살펴보면, 한국은 한반도 비핵화 과정에서 평화 질서 파트너로서 일본의 역할을 기대하였다. 한국과 일본의 파트너십 관점에서 바라본다면, 관념론 영역에서 안보와 평화의 공동체, 평화공존 담론의 공유와 확대, 중국 위협론으로부터 탈피, 행위영역에서 북일 정상회담 추진, 한일 공동 대북 경제협력, 동북아 평화 질서에 한일 양국의 공동책임 등을 강조하게 된다.[35]

그러나 냉혹한 국제정치의 현실은 오히려 한일관계를 악화시킨 것으로 나타났다. 문재인 정부에서 본격화된 한반도 비핵화와 평화 체제 구축 vs 일본의 대북 불신과 완전한 비핵화까지 대북 제재 유지, 중국 견제용 성격이 강한 인도·태평양 전략은 동아시아 국제정치 역학상 오히려 한일 갈등이 상수화, 장기화할 수 있는 '뉴노멀(new normal)의 한일관계'라는 구조적 변화를 추동하고 있다.

1965년 맺어진 한일 간 청구권 협정은 냉전체제 하 한미일 안보협력, 남북분단과 군사적 대립, 한일 간 수직적 경제분업 체계가 중첩된 동북

---

34) 송은희(2018), "동북아 플러스 책임공동체 구상을 통해본 동아시아 지역주의 전략.", 『INSS전략보고』, 국가안보전략연구원(2018/10), p.5.

35) 김기정(2018), "남북, 북미 정상회담 이후 한반도와 동북아.", 도쿄대 한국학연구센터 주최 세미나(2018/06/23).

아 국제질서에 바탕한 것이었다.[36] 그러나 한반도 비핵화를 위한 각국의 입장 차, 미중간 신형 대국관계의 전개와 이에 따른 동북아정세의 변화로 한일 양국 관계는 전략적 이익을 공유하지 못하고 있었다. 동북아 국제질서 아키텍쳐를 둘러싼 미중 간, 중일 간 안보 갈등과 군비경쟁, 아시아인프라투자은행(AIIB)이나 환태평양 경제동반자협정(TPP) 등 상호배타적이거나 제로섬(zero-sum)적인 경제 체제, 동북아지역의 기억과 정체성의 충돌로 인한 감정적 대립이 겹치면서 한일관계는 더욱 복잡해졌다.[37] 트럼프 정권 이후, 동아시아 지역 간 동맹 관리가 약해지고, 양자주의 개별 동맹에 치중하면서 한일 양국 간 대북 인식과 동북아 외교의 격차가 분명하게 나타나거나, 양국 간 갈등이 더욱 심화하는 상황이 뚜렷해지기도 하였다.

여기서는 한일 양국 간 동북아 외교 전략의 차이, 한반도 비핵화를 둘러싼 대북 인식의 격차를 짚어보고, 그것이 한일 갈등에 미친 영향을 살펴보았다. 한일 간 갈등과 대립은 단순히 역사와 영토 문제뿐만 아니라, 상이한 외교 비전과 전략적 목표, 특히 한반도 비핵화와 동북아 외교 전략의 차이에 기인하고 있었다. 한반도 비핵화와 평화 체제를 모색하는 한국과, 완전한 비핵화의 검증까지 대북제재 완화에 반대하는 일본의

---

36) 이원덕(2000), "한일관계 65년체제의 기본성격 및 문제점- 북일수교에의 함의.", 『국제지역연구』, 9(4), pp.39-59.

37) 하영선·손열 엮음(2015), "신시대를 위한 한일의 공동진화.", 동아시아연구원 EAI Special Report(2015/08), pp.2-3.

입장은 향후 지속적으로 양국 관계에 부정적인 영향을 미칠 것이다. 한 일 양국이 대북 인식과 한반도 비핵화 정책, 동북아 외교 전략이 상이한 점을 전제로, 긴밀한 소통과 대화를 거듭하면서 상호 신뢰를 쌓아가야 할 것이다.

참고문헌

김기정(2018), "남북, 북미 정상회담 이후 한반도와 동북아", 『도쿄대 한국학연구센터 주최 세미나』, 도쿄대(2018/06/23), pp.1-4.

김숙현(2019). "한일관계 관리 방안", 『제7차 국가안보전략연구원-일본국제문제연구소 학술회의』, 서울(2019/01/18), pp.1-3.

동북아역사재단 주최(2018), 『10.30 대법원 판결관련 강제동원 문제 논의』, (2018/12/16).

동아시아연구원·겐론NPO(2018), "제6회 한일국민 상호인식 조사", 『조선일보』(2018/06/19).

박철희외 공저(2018), 『아베시대 일본의 국가전략』, 서울대학교출판연구원, pp.1-4.

송은희(2018), "동북아 플러스 책임공동체 구상을 통해본 동아시아 지역주의 전략", 『INSS전략보고』, 국가안보전략연구원(2018/10), p.5.

아사노 도요미(2018), "동아시아의 화해의 방향성에 대하여- 민주주의와 국민감정, 역사 기억 그리고 인권", 동북아역사재단 주최 『10.30 대법원 판결관련 강제동원 문제 논의』(2018/12/16), pp.85-95.

양기웅(2014), "한일관계와 역사갈등의 구성주의적 이해", 『국제정치연구』, 17(2), (2014/12), pp.171-191.

양기호(2018), "한국은 일본을 어떻게 보아야 할 것인가?-역사, 현안, 전략-" 『동아시아재단 정책논쟁』(2018/01).

양기호(2017), "한일관계 50년의 성찰-1998년 한일파트너십 공동선언의 합의와 경과", 『한일관계 50년의 성찰』, 도서출판 오래, pp.146-180.

이신철(2012), "국가간 역사갈등 해결을 위한 역사정책 모색", 『역사비평』(2012/08), pp.222-244.

이원덕(2000), "한일관계 65년체제의 기본성격 및 문제점- 북일수교에의 함의", 『국제지역연구』, 9(4), pp.39-59.

이원덕(2009), "노무현 정부의 대일정책 평가", 『일본연구』(2009/02), pp.351-369.

장달중(2008), "세계화와 민족주의 사이의 한일관계: 상호경시적 흐름에 대한 고찰", 『한일공동연구총서』, pp.19-42.

조양현(2017), 『동아시아 국제질서 변화와 한일 과거사 문제: 과거사문제의 다자화 및 전략화가 한일 관계에 주는 함의』, 동북아역사재단 연구보고서.

청와대 국가안보실(2018), 『문재인정부의 국가안보 전략』(2018/12), pp.83-94.

하영선·손열 엮음(2015), "신시대를 위한 한일의 공동진화" 동아시아연구원 EAI Special Report(2015/08), pp.2-3.

小此木政夫(2005), "小泉政権の愚と３つの戦略", 『論座』(2005/08), p.40.

木村幹(2017), "両国とも関係改善を望んでいない", 『日本と世界-世界の中の日本』(2017/06/07).

木村幹(2018), "近くて遠い国から普通の国同士の関係へ", 『第3回韓日交流フォーラム』, 駐新潟韓国総領事館主催国際シンポジウム(2018/11/22), pp.1-20.

富樫あゆみ(2017), 『日韓安全保障協力の検証』, 亞紀書房.

西野純也(2019), "盧武鉉政権期の日韓関係ー韓国の新しい秩序の台頭", 『法学研究(慶応大学)』, 92(1) (2019/01).

日本外務省(2019), 『外交青書 2018』, https:..www.mofa.go.jp.mofaj.gaiko.bluebook.2018.html.index.html

日本外務省(2019), 『自由で開かれたインド太平洋』, https:..www.mofa.go.jp.mofaj.files.000430631.pdf

日本国会会議録検索システム(2019), http:..kokkai.ndl.go.jp.cgi-bin.KENSAKU.swk_srch.cgi?SESSION=32492&MODE=1

日本国際問題研究所(2014), 『インド太平洋時代の日本外交』(2014/03), pp.4-8.

毎日新聞(2019), "論点:きしむ日韓関係." (2019/02/01), 東京朝刊.

李鍾元(1996), 『東アジア冷戦と韓日米関係』, 東京大学出版会.

FNN PRIME(2018), "もはや共通の価値観もなし？ 韓国の対日表現削除は意趣返しか…危機深まる日韓関係." (2018/01/17).

讀賣新聞(2019), "日米首脳会談の共同声明全文", (2017/02/12).

Victor Cha(2000), *Alignment Despite Antagonism: The United States-Korea-Japan Security Triangle*, NewYork: Columbia University.

문재인 정부와 한일관계

갈등을 딛고 미래지향적 협력을 추구한 5년의 기록

제3장

국제 쟁점으로
위안부 문제의 확산

1991년 8월 김학순 할머니 증언으로 피해 실상이 알려진 일본군 '위안부' 문제[38]가 어떻게 한일 갈등에서 글로벌 쟁점으로 부각하였는가. 한일 양국 정부와 시민사회, 그리고 한일관계와 국제사회라는 상호간 네트워크 분석틀을 통하여 위안부해법이 한일 간 현안에서 글로벌 쟁점으로 부각한 과정, 그리고 위안부 문제가 한일 외교와 국제정치에 투사하는 메커니즘은 무엇인가를 살펴볼 필요가 있다. 2015년 12월 박근혜 정권기에 한일 위안부합의가 이루어졌지만, 2021년 1월 서울중앙지방법원 1심에서 피해자 승소 판결이 나왔고, 유사한 사례에 대해 2023년 11월 서울고등법원도 같은 승소 판결을 내렸다.

한일 양국이 진정한 위안부 해법을 도출해 내지 못한다면 외교적 부담으로 남을 수밖에 없다. 1965년 체제의 한계, 일본 정부의 책임회피와 역사 왜곡, 한국 외교의 부적절한 대응, 그리고 국내 정치 등의 변수가 겹치면서, 위안부 해법이 한일관계에서 국제적 쟁점으로 확산하였고, 결국 한일 양국의 국내 여론을 악화시키는 악순환의 구조에 빠져들었다고 볼 수 있다.

---

38) 일본군 '위안부'는 일제하 일본군위안부 피해자에 대한 보호 지원 및 기념사업 등에 관한 법률(법률 제 17440호, 2020/12/10 시행) 제2조 1항에 정의된 '일제에 의하여 강제 동원되어 성적 학대를 받으며, 위안부 생활을 강요당한 피해자'의 공식적인 법률용어이다. 일본은 스가 요시히데(菅義偉) 내각에서 강제 연행의 의미를 희석하고자 2021년 4월 27일 각의 결정을 통해 종군위안부에서 '위안부'로 명칭을 개악하였다. 일본군 '위안부'가 공식용어이나, 여기서는 편의상 일본군위안부, 위안부, 위안부 문제, 위안부 쟁점 등으로 표기하였다.

1. 위안부 쟁점의 국제화

2015년 한일 수교 50주년 이후 박근혜 정부기 한일관계는 일본군 '위안부' 쟁점으로 냉각기가 이어지고 있었다. 한일 양국 정상이 2015년 6월 22일 기념식에 교차 참석하고 장관급 대화가 늘어났지만, 양국 관계는 정체상태에 놓여 있었다. 한중간 정상회담이 6회나 개최되었지만, 한일 정상회담은 장기간 열리지 않았다. 한일관계는 갈등 구조를 완전히 극복하기 어렵고 장기화할 것이라는 전망이 높았다. 정부 당국과 시민사회 간 불신과 반감이 저변에 깔려 있기 때문이다. 2015년 6월 동아일보-아사히신문 공동 여론조사 결과에 따르면, 한일 상호 간 호감도가 이전과 비교하여 크게 하락하였다.[39]

박근혜 정부 당시, 한일관계가 악화된 요인으로 동북아 국제정치의 갈등 구조, 위안부와 독도 등 현안을 둘러싼 대립 구도, 시민 사회 간 불신의 증폭 등을 들 수 있다. 미중 G2 체제 속에서 양국 사이에 끼인 한국과, 미일 동맹을 강화한 일본은 상호 간 전략적 가치를 발견하기 쉽지 않았다. 한중간 역사 연대와 위안부 문제의 국제 쟁점화, 독도 영유권 논쟁으로 인하여 오히려 대립 구도가 심화하였다. 현안마다 엇갈리는 한일 간 입장으로 외교당국과 양국 국민 간 불신감이 높아졌다. 진정성이 담긴 사죄와 전후 보상을 요구하는 한국과, 한일청구권협정으로 최종 해결되었다는 일본의 주장은 각각 평행선을 달리고 있었다.

위안부 문제와 강제징용에 대한 사법부판결의 한일 격차, 유네스코 세계문화유산 등재 과정에서 강제노역 해석차,[40] 독도 영유권 문제와 동해 표기 문제, 한중 역사 연대에 대한 일본 정부의 반발은 한일관계를 악화시키는 요인이 되었다. 2015년 1월 아베 총리의 참의원 발언, 3월 외무성 홈페이지에서 "한국은 시장경제와 자유민주주의 등의 기본적 가치를 공유하는 중요한 이웃 나라" 표현이 삭제된 것은 강제징용에 대한 한국사법부 판결, 산케이신문 서울지국장 출국금지 등 일련의 사태에

---

39) 동아일보·아사히신문 공동 조사 결과, 한국은 최근 5년간 일본에 대한 이미지가 나빠졌다가 59.4%, 일본은 최근 5년간 한국에 대한 이미지가 나빠졌다가 54%로 나타났다(동아일보, 2015/06/18; 朝日新聞, 2015/06/22).

40) "일본 기시다 외상 강제노역을 부정" "조선인 강제노역, 한국과 일본 다른 해석", (주요 일간지, 2015/07/07).

대한 일본 정부의 불만을 반영한 것이었다(조선일보, 2015/03/05).

한일 간 냉각 상태가 지속되면서 국제 쟁점화되는 양상을 띠고, 양국 간 갈등이 국제무대로, 국제 쟁점화가 다시 시민사회의 갈등을 유발하는 악순환 구조에 빠져들고 있었다. 외교부에 따르면 혐한 내지 반한 시위가 2012년 22건에서 2013년 319건으로 불과 1년 만에 15배나 급증하였다(서울신문, 2015/01/06). 한국을 비난하는 자극적인 책들이 베스트셀러에 오르는 기현상도 벌어졌다(국민일보, 2015/02/06). 일본 내 거주하는 재일교포들이 일상의 생활, 교육, 취업 현장에서 불안감을 느낄 정도였다.

일본군'위안부' 문제가 한국과 일본, 그리고 국제사회의 주요 쟁점이 된 지 20여 년, 여전히 해결되지 못한 채, 오히려 한일 양국의 외교적 갈등을 심화시키고, 시민사회 간 마찰의 원인이 되고 있었다(이지영 2014, 408). 위안부 문제는 1992년 정대협[41]이 유엔 인권위원회에서 공론화하고, 아시아연대회의가 발족하면서 한일 양국을 넘어 국제적 쟁점으로 확장되었다. 일본 사회에서 우익집단과 단체들이 강제 연행을 부정하는 담론을 형성하고, 반한감정을 유발하면서 한국인의 대일감정도 악화하

---

41) 한국정신대대책협의회의 약칭. 일본군위안부 문제 해결을 위해 설립된 대표적인 시민단체이며, 정의기억연대로 명칭이 바뀌었다. 1990년 발족한 '한국정신대문제대책협의회(약칭 정대협)'와 2016년 설립된 '일본군성노예제 문제해결을 위한 정의기억재단'이 2018년 7월 11일 통합하여 출범하였다. 홈페이지는 https://womenandwar.net/kr/.

였다.

일본 정부의 진정성 있는 사죄와 보상 부재, 한국 정부의 방관 내지 미숙한 대응으로 위안부 해법은 별다른 성과를 거두지 못하였다. 국가 책임과 법적 보상을 외면한 채, 아시아여성기금을 통한 위로금 지급으로 봉합하려던 일본 정부의 시도는 피해자와 정대협, 국내 여론과 한국 정부의 강한 반발을 불러일으켰다. 일본 정부는 1965년 한일청구권협정으로 전후 보상이 모두 해결되었다는 입장을 굽히지 않았고, 2003년 3월 일본 최고재판소 판결도 일본 정부 입장을 재확인하는 데 그쳤다.

일본군'위안부' 문제의 장기 쟁점화 현상은 매우 이례적이다. 1965년 청구권협정에서 다루어지지 않았던 위안부 강제 연행, 원폭 피해자 치료와 보상, 사할린동포 귀국이라는 세 가지 과제는 해법상 각각 다른 경로를 걸었다. 원폭 피해자 보상은 1978년 3월 일본 최고재판소 판결로 해결의 실마리를 찾았다. 사할린 동포 귀국은 일본 시민단체의 적극적인 지원을 받아 한일 양국의 적십자사가 관여하여 다수 동포의 귀국으로 이어졌다. 한일 양국 정부, 사법부 판결, 시민사회가 해법을 지지한 사례이었다.

반면 일본군위안부 피해자에 대한 사죄와 보상은 거의 해결되지 못했고, 오히려 양국 정부와 시민사회 간 갈등과 대립은 더욱 커져 갔다. 위안부 해법을 둘러싼 한일 국장급 협의는 제8차 회의[42]에도 불구하고 아

42) 한일국장급 협의는 2014년 1월부터 서울-도쿄를 오가면서 개최되었다. 2015년 6

직 이렇다 할 합의안이 나오지 않았다. 위안부 문제가 쟁점화하면서 일본 우익들의 반발이 심해지고, 피해자에 대한 중상 모독과 역사 왜곡이 심화하였다. 일본 정부와 우익단체에 맞서서 위안부 피해자와 정대협 등 시민단체는 일본군 성노예 진상규명과 피해보상 요구, 위안부 소녀상의 국내외 설치, 1,195회가 넘는 수요 집회를 통하여 힘든 투쟁 과정을 거쳐 왔다.[43]

1990년대 들어 한국 지식인과 시민단체의 노력으로 위안부 피해자들의 가려진 진실이 드러나면서 한일 양국 언론의 큰 관심을 모았다. 한국 정부는 각종 법률제정을 통한 피해자 지원을 해 온 반면, 일본 정부는 도덕적 책임과 일방적인 위로금으로 해결하고자 하였다. 이에 위안부 피해자와 시민단체가 반발하였고, 한일 양국 사법부와 국제사회에 호소하면서 글로벌 쟁점으로 부각되었다.

2005년 8월 민관합동위원회 보고서, 2007년 7월 미국하원 위안부 비난결의, 2011년 8월 헌법재판소 위헌 판결 등이 이어지면서 한일 외교 당국은 해법을 모색해 왔다. 그러나, 위안부 문제는 일본 정부의 잘못된

월 11일 제8차 회의가 도쿄에서 열렸다. 이후 2015년 12월 27일 제12차까지 열렸고, 다음날 한일 외교장관 회담에서 한일 위안부합의가 발표되었다.

43) 1992년 시작된 수요집회는 무려 23년간 계속되면서 2015년 9월 9일 제1,195회를 맞이하였다. 미국 내 위안부 조형물은 소녀상과 기림비를 합쳐서 10여 개가 조성되어 있으며, 서울 일본대사관 근처, 성남시, 거제시에 소녀상이 있으며, 전국각지에서 건립 운동이 전개되고 있다. 2023년 10월 25일 1,619회 수요집회가 열렸으며, 소녀상은 약 100여 개가 설치되어 있다.

접근과 한국 정부의 대책 부재가 겹치면서 풀기 힘든 현안이 되었다. 한일 간 갈등은 미국 국무부까지 개입하면서 한미일 관계에 영향을 미치는 중대한 변수로 등장하였다.[44]

일본군위안부 문제는 1991년 8월 김학순 할머니가 피해 사실을 고백하면서 단숨에 매스컴의 주목을 끌었다. 1993년 8월 일본 정부는 고노 담화를 통하여 위안부 피해자에 대해 사과하였고, 미국 뉴욕타임즈는 환영할 만한 진전으로 평가하였다. 중국의 신화사통신도 일본 정부가 위안부의 강제 연행을 공식 인정하고 사죄하였다고 보도하였다(木村幹 2015, 193). 김영삼 정부는 더 이상 외교 쟁점화하지 않겠다고 언급하였다.

1995년 8월 일본 정부는 무라야마 담화를 통하여 일본제국주의 침략과 식민 통치에 대한 반성과 사죄를 표명하였다. 아시아여성기금(원제: 여성을 위한 아시아평화국민기금)을 만들어 위안부에게 일방적인 위로금을 지급하자, 한국은 강하게 반발하였다. 1995년 10월, 무라야마 도미이치(村山富市) 총리가 일본 국회에서 한일 강제병합이 국제법상 합법이었다고 발언하면서 양국 관계는 다시 경색되었다. 무라야마 총리는 재차 각서를 통하여, 불평등한 제국주의 시대의 조약으로 수정하였다.

---

44) 미국 국무부차관 웬디 셔먼은 "한중일 정치지도자들이 과거의 적을 비난하면서 값싼 박수를 받는 것은 어렵지 않다."고 지적하였다. 이는 한중일 역사 갈등에 모든 국가가 책임있다는 발언으로 인식되면서 한국의 불만을 야기하였다(주요 일간지, 2015/02/27).

1996년 2월 유엔 인권위원회에 제출된 쿠마라스와미(Coomaraswamy) 보고서는 위안부를 성노예로 규정하였다.

일본군 '위안부' 문제를 악화시킨 가장 심대한 책임은 일본 정부와 우익정치가, 편향된 우파 매스컴에 있다고 해도 과언이 아니다. 일본 내 우파그룹은 전후 70년이 지난 오늘날 일본의 전쟁책임을 부인하거나 축소하고, 위안부 강제 연행, 난징대학살의 역사적 사실을 인정하지 않고 있다. 일본 우익들이 가장 격렬히 부인하는 것은 바로 일본군 '위안부'의 강제 연행이다. 위안부 강제 연행 자체도, 사과와 보상도 모두 거부하고 있다. 이들에게 위안부 문제는 일본을 모욕하고자 조작된 근거 없는 스캔들에 지나지 않는다(개번 맥코맥 1997, 74-82). 1997년 전후반성을 부정하면서 결집한 자민당 우파와 우익단체, 2007년 3월 각의 결정을 통한 강제 연행 부인, 2014년 6월 고노담화 재검증은 위안부 해법을 더욱 악화시켰다.

한일 양국 정부와 시민단체, 그리고 한일관계와 국제사회라는 상호간 네트워크 분석 틀을 통하여 위안부 해법이 어떻게 한일 간 현안에서 글로벌 쟁점으로 부각되었는가, 그리고 위안부 문제가 한일 외교와 국제정치에 투사하는 메커니즘은 무엇인가를 살펴볼 필요가 있다. 한일 양국이 위안부 해법을 도출하지 못한다면 외교적 트라우마(trauma)로 남을 것이다. 1965년 체제의 한계, 일본 정부의 책임회피와 역사 왜곡, 한국 외교의 부적절한 외교적 대응 등 변수가 겹치면서, 위안부 해법이 한일관계에서 국제적 쟁점으로 확산하였고, 결국 한일 양국의 국내 여론을 악화시키는 악순환의 구조에 빠져들었다고 볼 수 있다.

이러한 분석은 일본 내 연구자들에게도 공유되고 있다. 소에야 요시히데(添谷芳秀) 교수에 따르면, "정대협의 원리주의 주장에 반발한 일본 보수정치가의 직설적인 도발과 언동, 양자 간의 악순환이 끊임없이 반복되고 있다. 일본 정치가의 실언, 일본 정부의 성명 등이 한국과 미국 매스컴이 보도하면서 관심을 끌게 되고, 미국과 국제여론은 한국에 동정적으로, 일본에 비판적으로 된다. 그리고 일본 내 보수파의 대미감정을 자극하여 미일 관계에도 불필요한 파장이 미친다"고 주장한다(소에야 요시히데, 2015/02/09).

2015년 한일수교 50주년은 1991년 8월 14일 김학순 할머니의 피해 사실 고백 이후 25년째 되는 해이기도 하였다. 1965년 한일국교 정상화 이후 절반이나 되는 기간이 위안부 논쟁으로 점철된 과정이었다. 위안부 문제가 한일관계에 있어서 최대 현안으로 떠오른 점, 역사적 사실과 법적 해석을 둘러싸고 양국 간 해법도출이 쉽지 않은 점, 국제적 쟁점으로 부각하면서 한일 시민사회 간 대립과 갈등까지 유발하고 있는 점은 심각한 사태가 아닐 수 없다. 〈그림 3〉에서와 같이, 위안부 문제는 시민사회와 정부 레벨, 한일관계와 국제정치라는 상호작용이 교차하는 복잡한 방정식을 내포하면서 확대되어왔다고 하겠다.

〈그림 3〉 위안부 문제와 국제정치의 역학 구조

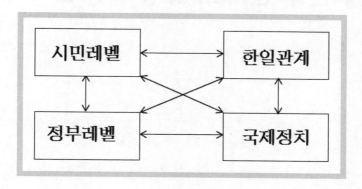

2. 위안부 문제의 중층적 구조

　　　　　　　　　　　　　　　　　　일본군'위안부' 문제는 냉전기 국내 독재 정권하에서 거의 보도되지 못했고, 일본 내 극히 일부 저서를 통하여 알려졌다. 1990년 1월 윤정옥 교수가 일본군'위안부'를 취재하여 한겨레신문에 4회에 걸쳐 보도하면서 참상이 드러나게 되었다. 1990년 9월 일본 정부는 참의원에서 위안부를 민간업자의 상행위로 규정하고 일본군의 관여를 부정하였다. 이에 반발한 한일 양국의 시민단체는 연대운동을 개시하여, 1990년 11월 37개 단체가 모여서 정대협을 결성하였다. 1991년 1월 일본 도쿄에서 열린 최초의 심포지엄에서 정대협은 일본군'위안부'를 여성문제가 아니라 민족문제로서 다루어갈 것임을 밝했다(최명숙 2012, 562-563).

1991년 8월 김학순 할머니가 위안부 피해 사실을 고백하고, 1991년 12월 도쿄 지방재판소에 소송을 제기하였다. 1991년 12월 한국 정부는 주한일본대사를 불러서 역사적 진실을 규명할 것을 요청하였다. 한국 정부가 외교 현안으로 다룬 것은 이것이 처음이었다(木村幹 2015, 148-149). 일본사회당 소속 여성 국회의원들이 질의를 거듭하였고, 요시미 요시아키(吉見義明) 쥬오대학 교수가 방위청 도서관에서 일본군위안부 모집에 관한 자료를 발견하였다. 1992년 1월 11일 아사히신문은 1면에 위안부 모집과 위안소 설치에 일본군이 관여한 사실을 보도하였다. 위안부 문제는 1990년대 이후 일본 사회를 흔드는 거대한 쟁점으로 부상하였다.

1992년 1월 미야자와 기이치(宮澤喜一) 일본 총리가 방한 시 사죄를 표명하였고, 위안부 문제는 한일 간 현안으로 대두하였다. 1992년 7월 가토 고이치(加藤紘一) 관방장관은 담화를 발표하여 일본군이 위안부의 모집, 위안소 설치, 경영감독과 위생관리에 관여한 사실을 인정하고 피해자에게 사죄와 반성을 언급하였다. 아울러, 조선과 중국, 타이완, 필리핀, 인도네시아 출신 위안부의 피해 사실을 인정하고, 각국에 조사 결과를 전달하였다(朝日新聞, 1992/07/07). 일본 정부는 1992년 방위청에서 발견된 127건 자료와 1993년 234건의 보고서, 피해자와 관계자 구술 조사를 더하여 1993년 8월 강제 연행과 군부 개입을 인정한 고노담화를 발표하였다.

1940년 당시 위안부 피해자의 국적 비율상 조선인 51.8%, 중국인 36.0%, 일본인 12.2%로 조선인과 중국인 비율이 압도적으로 높았다. 취업 사기, 인신매매, 납치 등은 국제법상 불법인 강제 연행에 포함된다. 지역 경찰과 헌병은 밀접한 관계를 가지고 징집을 지시하였다. 부인과 아동 매춘을 금지하는 국제조약(1921년), 헤이그 육전조약(1907년), 강제노동에 관한 조약(1930년) 등을 위반한 위안부 강제 연행은 명백히 국제법상 불법이었다(윤명숙 2008, 212).

일본군'위안부' 문제는 한일관계에 있어서 가장 중대한 현안이 되어갔다. 진상규명과 사죄 보상을 둘러싸고, 양국 정부와 시민단체, 매스컴이 주요 변수로 등장하였다. 한일 양국 정부가 초기에 위안부 해법을 도출하지 못한 요인은 일본 연립여당의 정치적 불안정, 시민단체와 매스컴의 높은 관심과 국민 정서의 고려 등, 국내 정치적 요인이 컸다. 일본의 연립정권이나 자민당 정권이 단기 정권에 그치면서 해결 동력을 발휘하지 못했다.

일본사회당 정권과 진보 지식인은 1995년 7월 아시아여성기금을 설립하여 위안부 피해자에 대한 보상을 시도하였다. 과거사 문제를 봉합하려는 일본 정부에 대하여, 한국 정부와 피해자, 지원단체인 정대협은 크게 반발하였다. 한국 정부는 1993년 6월 '일제하 일본군 위안부 생활 안정 지원법'을 설립하여 피해자를 지원하였다. 1998년 6월 국무회의 의

결로 국민기금에 상당하는 액수를 피해자에게 지급할 것을 결정하였다. 유엔 인권위원회와 국제노동기구 등에서도 피해자가 원하는 방식의 보상을 하라는 권고가 잇달아 나왔다(정진성, 2014/07/08).

양국 정부가 협상을 통한 위안부 해법을 제시하지 못하자, 정대협을 비롯한 국내 지원단체, 일본 시민단체는 사법부에 대한 보상 요구로 전환해 갔다. 한일 양국 정부는 외교적 원칙론과 법리론에 집착하였고, 시민단체와 국제여론이 위안부 문제를 주도하였다. 1990년대는 위안부 문제가 국제적으로 쟁점화되기 쉬운 토양을 제공하고 있었다. 1990년대 페미니즘이 세계적으로 확산하고, 미디어를 통한 영향력이 더욱 높아졌다. 위안부문제는 전시 성폭력의 상징으로서 페미니즘과 역사 인식을 둘러싼 최대의 논쟁점이 되었다(大沼保昭, 2007).

일본 정부는 국가책임을 거부하면서 거듭된 사죄와 민간기금으로 해결하고자 하였다. 일본의 정부 담화나 총리 발언에서 사죄 표현은 무려 8회나 이를 정도이었다. 미야자와 총리는 1992년 1월 서울을 방문하여 한국인들이 견디기 힘든 고통과 슬픔을 맛보았으며, 일본군'위안부' 문제에 사죄드린다고 언급하였다. 고노 요헤이(河野洋平) 관방장관은 1993년 8월, 일본군'위안부'가 많은 고통과 치유하기 힘든 상처를 입은 데 대해 진심으로 사죄와 반성을 발표하였다.

1993년 8월 호소카와 모리히로(細川護熙) 총리는 침략행위와 식민 지배가 견디기 힘든 고통과 슬픔을 가져온 데 새삼 깊은 반성과 사죄를 드린다고 하였다. 무라야마 도미이치(村山富市) 총리는 1995년 8월 담화에서 식민 지배와 침략을 진심으로 사죄하였다. 1996년 6월 하시모토 류타로(橋本龍太郎) 총리는 김영삼 대통령과 공동 기자회견 후, 창씨개명으로 한국인의 마음에 상처를 낸 것은 상상하기조차 어렵다고 사과하였다. 1998년 10월 김대중 대통령과 오부치 게이조(小渕惠三) 총리 간 한일파트너십 선언은, 한국인이 겪은 다대한 고통과 피해에 통절한 반성과 사죄를 드린다고 적고 있다.

일본 내에서는 아시아여성기금의 개인 보상 모색, 잇따른 사죄와 반성에도 불구하고, 위안부 문제가 해결되지 않는 것에 대한 실망감과 불만감이 높아졌다. 정당하게 인정받지 못했고, 깊은 상처를 받았다는 표현을 사용하고 있을 정도이다.[45] 잇따른 일본 총리의 사죄와 반성에 자민당 내 우파 정치가들이 반발하기 시작하였다. 일본유족회는 호소카와 총리의 사죄 발언을 용인할 수 없다면서, 정정과 철회를 요구하였다. 일본 내 역사 수정주의가 본격적으로 확산하기 시작하였다(吉岡吉典 2009, 130).

1992년 8월 한국 정대협과 아시아여성신학교육원 공동주최로 한국, 일본, 타이완, 홍콩, 필리핀, 타이의 6개국, 대표 1백여 명이 수유리 아카데미에 모여서 공동결의문을 채택하였다. 제2차 회의는 1993년 11월 사이타마현(埼玉縣)에서 한국, 북한, 중국, 타이완, 필리핀, 7개국 200

---

45) 일본 외무성 방문시 담당자와의 인터뷰(도쿄 일본 외무성, 2014/10/17).

여 명이 모여서 큰 관심을 모았다. 동남아 국가는 일본과의 관계를 우려하여 보상소송에 소극적인 경우가 적지 않았다. 말레이시아, 인도네시아, 타이완 등지에서 유사한 상황이 발생하였다. 일본 시민단체는 정대협과 같은 단일기구를 설치하지 않고, 행동네트워크라는 비상설 기구를 통하여 연대하였다.

제2차 결의문에서는 일본군위안부 제도가 일본 군국주의 국가권력에 의하여 저질러진 전쟁범죄임을 인정할 것, 아시아 태평양지역에서 실태조사와 피해자 진상규명 보고서를 제출할 것, 피해자 보상을 위한 특별법을 제정할 것, 국제법을 준수하고 전쟁범죄와 인권침해에 시효가 적용되지 않도록 조약에 가입할 것, 범죄 재발 방지를 위한 평화인권 사상 교육을 철저히 할 것 등을 요구하였다(김혜원 1993, 85-87).

그러나, 동아시아 여성단체간 국제연대에도 불구하고, 위안부 문제는 한일 간 내셔널리즘의 대립 구도가 형성되고 있었다. 양현아는 일본군 '위안부' 문제를 일본제국주의의 식민지 여성에 대한 식민주의와 가부장제 시점에서 다루고 있다. 위안부 문제가 남성 중심의 민족주의 담론으로 바뀌면서 일본과 한국을 각각 가해자와 피해자로 정체성을 확립해가는 과정을 밝히고 있다(양현아 2001/12, 69-70). 1990년대 위안부 문제가 한일 양자 간 문제로 집약되면서 각국의 반응은 달랐다. 중국정부는 외교 쟁점화를 회피하였고, 타이완을 제외한 동남아 각국은 아시아여성기금을 수용하였다.

아시아여성기금은 민간 모금에 의한 위로금 200만엔, 총리의 사죄 편지, 일본 정부의 의료복지 지원비 120~300만 엔을 지급하기로 하였다. 아시아여성기금에 따르면, 일본 국민의 모금액이 약 5억 6,500만엔, 정부자금에 의한 의료복지 지원금이 약 7억 5천만 엔이었다. 이를 바탕으로 한국, 필리핀, 타이완의 피해자 285명에게 지급하였다. 네덜란드인 79명에게 생활개선을 위한 의료복지 지원을 실시하고 2002년 현지 종료되었다. 인도네시아에서 고령자 복지시설 정비사업을 실시하고 2007년 3월 해산하였다(최명숙 2012, 98). 그 결과, 위안부 문제는 주로 한일 간 현안으로 좁혀져 갔다. 해결안이 나오지 않는 상태에서 위안부 문제는 한일 양국의 시민단체가 주도하면서 국제 쟁점화하였다.

아시아여성기금은 숱한 화근을 불러일으켰다. 식민지주의적이고 성차별적인 일본 우익들의 언동에 침묵하는 한편, 일본 정부가 무리하게 위로금을 지급하여 피해자 간, 피해자와 시민단체 간 균열과 갈등을 유발하였다. 법적 해결을 요구하는 한국과 유엔의 권고나 일본 내 시민단체의 입법 해결 요구를 수용하지 않았다. 와다 하루키(和田春樹) 교수는 아시아여성기금이 한국, 타이완과 화해를 이루는 데 실패하였다고 솔직하게 인정하였다(최명숙 2012, 110).

일본 정부는 피해자가 거부하는데도 위로금을 지급하였고 더욱 사태를 악화시키는 결과를 낳았다. 일본은 기자회견도 열지 않은 채, 비공개로 사전통고도 없이 61명에게 위로금을 지급하였다. 일본 측은 시민단체가 기금에 반대하여 조용하고 조심스런 형식이 적절하다고 판단하였다고 설명하였다. 하지만 정대협은 한국 정부와 시민단체에 알리지 않고 비밀리에 사업진행 하는 것 자체가 비굴하며 떳떳지 못한 증거라고 반박하였다(朝日新聞, 1997/01/12).

일본 내 25개 우익단체는 종전 50주년 국민위원회를 구성하였다. 1995년 2월까지 약 450만 명의 서명을 받은 일본 우익들은 침략전쟁이나 식민 지배를 부정하고자 하였다. 1994년 12월 자민당 의원이 다수 참가하여 전후 50주년 국회의원연맹을 구성하였다. 회장에 오쿠노 세이스케(奧野誠亮), 사무국장 이타가키 다다시(板垣正), 사무국 차장 아베 신조(安倍晋三)가 주요 임원이 되었다. 무라야마 담화는 자민당의 고노 요헤이(河野洋平), 가토 고이치(加藤紘一) 등이 지지하였다. 1995년 6월 9일 찬성 230명, 반대 14명, 결석 249명으로 중의원에서 겨우 가결되었다(와다 하루키 회고록, 2007/02/22).

한국과 일본의 시민단체는 위안부 문제의 본질이 인간의 존엄성을 회복하는 것이며, 금전 문제가 아니라는 것을 강력히 호소하였다. 위안부 피해자 이미지가 한일 양국 사회에 확산하면서, 이에 반발한 일본 우파는 피해자를 매춘부로 매도하기 시작하였다. 일본의 역사 왜곡이 한국 내 보도되면서 반일 감정을 더욱 악화시켰다. 한국의 반일 내셔널리즘과 일본 내 혐한 감정의 악순환이 한일관계를 최악의 상황으로 몰아간 것은 부인할 수 없다.

일본군'위안부' 문제는 정부와 매스컴, 시민단체가 연계된 중대한 문제이었다. 한일 국경을 넘어서 다양한 주체들이 적극적으로 나서고 있었다. 언론과 방송, 시민단체가 참여하였고, 인터넷과 SNS로 논쟁이 확산하여 갔다. 1994년, 1995년 고교 일본사 교과서가 위안부 문제를 기술하였고, 현대사회, 지리, 정치경제, 윤리 교과서도 위안부 내용을 다루었다.

일본 내 우익 인사, 우파 매스컴은 위안부와 난징대학살, 강제 연행, 침략과 식민 통치 기술이 편향되었다며, 일제히 공격을 개시하였다. 이른바 제3차 교과서 공격의 시작이다. 새로운 역사교과서를 만드는 모임, 약칭 '새역모'의 후지오카 노부가쓰(藤岡信勝)는 위안부가 상행위이자 매춘부였다고 주장하였다. 사카모토 다카오(坂本多加雄)는 위안부 제도는 공동변소로 화장실 역사를 교과서에 쓸 수 없다고 말했다. 1997년 1월 새역모가 발족하여 스스로 교과서를 제작하였다. 1999년부터 위안부 기술이 일본 정부의 압력으로 삭제되기 시작하였다. 일본 문부성은 2000년 9월 검정교과서를 교육위원회에서 채택하도록 개악하였다. 2002년 위안부를 기술했던 일본 서적 교과서의 채택률은 13만 부에서 6만 부로 크게 떨어졌다(한겨레신문, 2023/08/04).[46]

---

46) 1996년 검정교과서 7종 모두에 위안부 기술이 포함되었지만, 2002년엔 3종, 2006년엔 2종으로 줄었다. 2012년엔 완전히 사라졌다가 2017년 1종, 가장 최근인 2021년엔 교과서 8종 중 2종, 2022년들어 세계사와 일본사를 합친 '역사총합' 교과서 12종 가운데 9종에 위안부가 기술되었다(한겨레신문, 2023/08/04).

3. 한일 쟁점에서 국제 쟁점으로

일본군 '위안부' 문제는 전시 여성 인권, 성노예 담론을 중심으로 보편적이고 세계적인 쟁점으로 점차 확산해 갔다. 위안부 문제의 1차 국제 쟁점화는 1996년 유엔 인권위원회 특별보고관이었던 쿠마라스와미 보고서를 통하여, 2차 국제 쟁점화는 2007년 미국하원 위안부비난 결의안과 이에 맞대응한 일본 우익의 [The

〈그림 4〉 소녀상 한일 갈등

Facts] 라는 미국 내 신문광고를 통하여, 제3차 국제 쟁점화는 2013년 7월 미국 글렌데일시에 설치된 소녀상에 대하여 일본계 주민들이 철거소송을 제기하면서 확대되었다. 이에 맞서서 미국 백악관 청원사이트에 소녀상 철거에 반대하는 서명자가 10만 명을 넘었다.

애당초 위안부 문제는 한일 간 쟁점으로 그칠 사안이 아니었다. 피해자는 한국과 북한, 중국과 타이완, 동남아, 네덜란드 출신에까지 이르고 있었다. 1948년 3월 인도네시아 바타비아 군사 법정은 네덜란드인 위안부를 강제 동원한 일본군 장교 13명 가운데 1명 사형, 10명 징역 2~20년, 2명에게 무죄를 선고하였다(하재환 외, 1996/12). 그러나 도쿄재판, 샌프란시스코 강화조약, 한일청구권협정에서 아시아 출신 위안부 강제 연행은 전범재판에서 제외되거나, 사안 자체가 배제되었다.

연합국 점령군은 일본군 '위안부'의 실태를 알고 있음에도 불구하고, 도쿄재판에서 재판 대상으로 삼지 않았다. 독일 뉘른베르크 재판은 인도에 대한 범죄를 주로 단죄하였지만, 도쿄재판은 난징대학살과 일본군 위안부 강제 연행 등 인도상 범죄를 거의 다루지 않았다. 냉전이 진행되면서 도쿄재판은 조기에 종료되었고, 일본은 한국전쟁, 좌익 추방, 역코스를 배경으로 전후처리를 회피하였다(하종문 2001, 132-136).

냉전 이후 한일 내셔널리즘의 갈등이 두드러지면서 위안부 문제는 점차 국제적인 쟁점으로 비화하였다. 위안부 문제가 부각하면서 중국, 타이완, 필리핀 등의 정부 당국과 시민단체가 진상규명과 전후 보상을 요구하고 나섰다. 북한도 위안부 문제에 한국 정부를 지지하기에 이르렀다. 위안부 문제는 한일 간 문제에서 글로벌 이슈로 확산하기 시작하였다. 유엔 인권소위원회에서 논의될 정도로 국제 쟁점으로 부상하였다(木村幹 2015, 187).

북한은 1992년 8월 정대협에 해당하는 종태위(종군위안부 및 태평양전쟁 피해자 보상대책위원회)가 결성되어 위안부 생존자 131명을 확인하였으며, 1993년 11월 평양에서 일본의 전후처리 문제에 관한 국제세미나를 개최하였다. 중국의 민간 단체는 1992년 7월 베이징에서 위안부 피해자 가족들이 대일 보상을 요구하였다. 인도네시아도 106명의 위안부 피해자 신고가 있었고, 타이완에서는 1992년 위안부 피해자 58명이 일본법정에 소송을 제기하였다(김혜원, 1993). 냉전 이후 아시아 각국 내 시민 세력이 성장하면서 국가 간 협정에도 불구하고 개인 청구권은 여전히 유효하다는 시각이 대두하였다. 피해보상 요구가 제기되기 시작한 것은 당연한 과정이었다(정현숙 2007, 229).

일본군'위안부' 문제는 식민지 여성의 강제 동원이라는 성격이 두드러졌고, 가해자와 피해자 구도에서 한일 간 내셔널리즘의 갈등이 잠복해 있었다. 그러나, 위안부 문제에 대한 공감대를 형성하고자 국제연대가 강조되면서, 전시 여성의 보편적 인권의 문제로 확장되어 갔다. 일본의 시민단체는 여성 인권이라는 페미니즘의 시각을 중시한 반면, 한국의 시민단체는 민족주의 관점에서 바라보았다. 일본 시민단체가 성폭력, 전쟁책임, 인권유린의 시각과 방식을 중시한 데 비하여, 한국 시민단체는 식민 지배하에서 일어난 민족차별이 투영되었다고 보았다. 1992년 제1차 아시아연대회의에서 일본 여성 운동가들은 한국, 일본, 홍콩, 타이완, 필리핀, 타이 6개국이 참가한 가운데 한국이 민족문제를 강하게 제기할 경우, 일본 국내 설득이 쉽지 않고, 따라서 연대하기 어렵다고 주장하였다(최명숙 2012, 570).

일본군'위안부' 문제가 전시 여성의 보편적 인권으로 전환된 것은 당시 동유럽의 전쟁 성폭력이 주목받으면서부터이었다. 1992~1995년간 발생한 보스니아 내전에서 세르비아계 병사들의 이슬람계 여성에 대한 조직적이고 집단적인 성폭력은 국제적 분노를 일으켰다. 20세기 최악의 인종청소라고 알려진 전시 성폭력은 비슷한 시기에 발생한 르완다, 수단, 동티모르 내전에서도 자행되면서 위안부 피해와 중첩되어 갔다(윤미향 2011 겨울, 147). 정진성에 따르면, "일본군'위안부' 문제는 초기에 아시아적 특수성과 역사적 배경이 고려되었으나, 점차 전시하 여성인권 침해라는 보편성에 기초한 연대와 운동의 방향성이 형성되었다(정진성 2003, 41-55)."[47]

---

47) 정진성은 위안부 문제를 국제이슈화하고자 역사적 성격을 사상시킨 데 불만을 나타내고 있다. "일본군'위안부'의 문제는 극히 여성 차별적이고 민족차별, 인종주의에 기인한 것이기에 더욱 비난받아 마땅하다. 그러나 국제적 쟁점화에도 불구하고 일본군'위안부'를 전시하 여성 인권침해로 국한하여, 식민주의라는 중요한 역사적 성격을 사상시키고 말았다. 그 배경으로 일본이나 해외 여성단체와의 연대를 중시한 나머지, 식민 지배의 특수성을 사상시킬 수밖에 없었던 것, 위안부 문

아시아여성기금의 상흔은 위안부 문제를 국제적인 쟁점으로 끌어올렸다. 기금은 과거사를 부정하는 일본 보수정치가들과 전쟁 피해를 보상하려는 진보정당 간 타협의 산물이었다. 필리핀 여성단체들은 애당초 기금에 반대하였으나, 경제적 빈곤에 처한 필리핀 위안부 피해자들은 기금을 수령하였다. 아시아여성기금은 1996년 필리핀과 네덜란드 출신 피해자 285명에게 위로금을 전달하였다. 반면, 일본 제국주의하 식민지로서 가장 큰 피해를 받은 한국과 타이완의 위안부들은 이를 거부하였다. 국가 지원을 받은 한국과 타이완의 경우, 위안부 피해자들 대부분은 기금을 받지 않았다(허란주 2010, 13).

아시아여성기금의 실패는 위안부 문제의 국제 쟁점화, 한일 양국 사법부의 판결을 거치면서, 결국 한일 외교 당국에게 가장 중대하고도 난해한 전후 처리상의 과제로 밀어 올렸다. 아시아여성기금의 성격, 방식, 결과에 분노한 위안부 피해자와 정대협은 사법부라는 재판과정으로 대체하였고, 국제적인 쟁점화를 모색하였다. 정대협은 유엔 인권위원회에 일본군'위안부' 문제를 상정한 이래, 국제사회의 지지와 연대를 확산시켜 왔다. 두 차례에 걸친 유엔 특별보고관의 조사 활동에 따라 일본

제의 현재성과 접목시키기 위하여 역사적 축을 희생시킨 것, 식민지 피해문제가 국제법적으로 논의되지 못한 것, 세 가지를 들 수 있다. 세계 여성운동의 다양성 속에서 식민지배하 일본군위안부 문제를 부각시키는 것은 보편성과 역사적 특수성의 긴장을 유지하면서 새로운 연대를 이룰 수 있는지, 이론적 작업을 어떻게 진전시킬 것인지 또 다른 과제로 남아 있다."

군'위안부' 문제가 국제법 위반 행위임을 확인하고 일본 정부의 책임 이행을 권고하는 보고서 채택이 이루어졌으며, 유엔 인권이사회, 여성차별철폐위원회와 국제법률가협회, 국제노동기구(ILO) 전문가위원회 등 국제기구의 권고를 이끌어냈다.

정대협은 1993년 비엔나 세계인권대회와 1995년 베이징 세계여성대회에서도 일본군'위안부' 해결을 결의문에 포함하는 등 국제 쟁점화하였다. 정대협은 위안부에 대한 조사와 연구, 일본 정부의 진상규명, 위안부 범죄 인정, 공식 사죄와 법적 배상, 책임자 처벌, 역사 교과서 기록, 추모비 건립 등 7개 요구사항을 지속적으로 주장하였다. 정대협은 위안부 문제를 세계 시민들과 연대 속에 계속 확산시켜 가는 것이 중요하다고 보았다. 국제분쟁에서 전시 성폭력이 자행되고 있는 점, 국가범죄로서 재발 위험성이 높은 점, 피해자 보상이 부족한 점을 국제사회에 알리고자 하였다(윤미향 2006 봄, 110-114).

한국계 미국인이 만든 워싱턴 위안부연합회는 1992년 12월 위안부 문제를 공식적으로 제기하였다. 위안부연합회는 미국 의회나 교육기관에 대한 호소를 통하여 미국 정치가들의 인식을 바꾸고자 하였다. 민주당 일리노이주 출신 레인 에번즈 의원 등은 1993년 11월 당시 호소카와 총리에게 미국 연방의원 24명이 서명한 진상조사 요구서를 보냈다. 1995년부터 워싱턴 교회나 조지타운대학, 필라델피아 공립도서관, 미국 하원 회관에서 위안부 사진전을 열기도 하였다. 1997년 중국계 미국인 저널리스트 아이리스 창이 [Rape in Nanjing]이라는 책을 출판하여 일본군의 잔학행위가 다시 한번 크게 부각하였다.

　1997년 7월 미국 하원에 위안부 등 일본군 전쟁범죄 희생자에 대한 공식 사죄 요구 결의안이 제출되었다. 한국, 중국, 타이완, 필리핀 출신 15명의 위안부는 2000년 9월 워싱턴 연방재판소에 일본 정부를 상대로 소송을 제기하였다. 일본 정부는 위안부 문제가 국제 쟁점화되자, 크게 반발하였다. 일본 외무성은 아시아여성기금이 국제사회로부터 매우 긍정적인 평가를 얻었다고 반론하였다. 1997년 8월 유엔인권위원회 산하 기구인 차별방지와 소수자보호 소위원회에서 전향적인 조치로서(positive steps)로 인정받았다는 점을 강조하였다. 일본의 우파 산케이신문은 한국과 중국이 미국에서 위안부 문제를 국제 쟁점화시켜 일본을 공격한다는 억지 주장을 늘어놓았다(産経新聞, 2014/09/01).

　일본 정부는 1996년 2월부터 유엔 인권위원회 회원국을 상대로 로비를 전개하였다. 일본 정부의 법적 책임을 부인하는 주장을 담은 문건을 각국에 보냈다. 개인 보상도 하였다는 주장을 아시아여성기금 사례를 들어 강조하였다(권희순 1996/05, 71). 아베 내각의 스가 요시히데(菅義偉) 관방장관은 기자회견에서 위안부 강제연행을 부정하였다.[48] 위안부

---

48) 2022년 검정교과서에서 가해자를 특정한 '종군 위안부', '일본군 위안부'라는 표현이 모두 사라졌다. 일본 정부가 2021년 4월 각의 결정을 통해 '종군 위안부'라는 표현이 적절하지 않다며 '위안부'로 수정하였기 때문이다. 2014년 교과서검정 기준에 '정부의 통일된 견해가 있을 경우 그에 근거한 기술을 해야 한다'는 내용이

를 성노예로 규정한 쿠마라스와미 보고서가 아사히신문의 오보 사태를 일방적으로 적용한 것으로, 일본 정부의 기본적 입장이나 자세를 확인하지 않아서 유감이라고 발언하였다(讀賣新聞, 2014/09/05).

추가되었다(한겨레신문, 2023/08/05).

4. 국제적, 사법적 해법과 한계

국제전범재판소(ICC: Interna-
tional Criminal Court)는 한국과 북한, 필리핀, 일본을 현지 조사한 뒤,
1994년 [Comfort Women]이라는 방대한 보고서를 제출하였다. 1995년
6월 쿠마라스와미는 일본군위안부 문제의 진상을 조사하기 위하여 한
국을 방문하였고 제52차 유엔 인권위원회에 결과보고서를 제출하였다
(권희순 1996/05, 70-71). 일본군'위안부'를 성노예 제도(Sex Slavery)로
개념화하여 국제법을 위반한 전쟁범죄의 성격을 부각하였으며, 일본 정
부의 법적 책임, 사죄와 교과서 개정을 촉구하는 권고안을 제시하였다.
1998년 8월에 나온 게이 맥두걸(Gay McDougall) 보고서는 지속적인 집

단강간으로 규정하였다. 1998년부터 2007년까지 미국 하원에 7번이나 위안부 결의안이 제출되었다.

2000년 12월 7일부터 12일까지 일본 도쿄에서 열린 [2000년 일본군성 노예전범 여성국제법정]은 전쟁범죄의 책임과 가해자의 형사책임을 묻는 국제 인권 법정이었다. 최종 판결에서 히로히토 일왕 등, 일본군위안부 범죄자들에게 유죄를 선고하였다. 새로운 전환점을 만들어내기 위한 초국적 연대운동의 일환이었으며, 정대협과 바우넷 저팬(VAWW-NET JAPAN), 그리고 아시아 국가와 국제여성네트워크가 참가하였다(강가람 2008, 195-196).

2005년 1월 노무현 정부는 외교문서를 공개하였고 2005년 8월 민관공동위원회가 위안부 개인에 대한 보상책임을 인정하였다. 한일청구권협정은 일본의 식민 통치 보상이 아닌, 한일 양국 간 재정적, 민사적 채권, 채무관계를 해결하고자 한 것이며, 일본군'위안부' 등 국가권력이 관여한 불법행위에 대하여 일본 정부의 법적 책임이 남아 있다고 명시하였다(김창록 2013, 97).

2007년 3월 1일과 3월 5일 아베 총리는 국회 답변에서 위안부 강제연행을 부정하여 한국 정부와 피해자를 자극하였다. 아베 정권은 2007년 3월 16일 각의결정을 통하여 "군부와 관헌에 의한 강제 연행을 직접 보여주는 기술이 없었다"는 답변서를 채택하였다. 2007년 6월 14일, 일본 역사사실위원회는 국회의원 45명, 교수, 언론인들이 가세하여 미국 워싱턴포스트지에 [The Facts(사실들)] 라는 왜곡광고를 게재하였다. 이들은 위안부가 결코 성노예가 아니었으며, 강제동원은 없었고 상행위이었다, 장군보다 수입이 많았다, 여성에 대한 비인도적 범죄를 단속하였다는 궤변을 늘어놓았다(오마이뉴스, 2014/02/03).

2007년 들어 일본 내 우파 국회의원들의 조직적인 반발이 두드러졌다. 위안부 문제와 난징사건의 진실을 검증하는 모임, 신헌법제정 의원동맹, 가치관외교를 추진하는 의원 모임, 중국 항일기념관에서 부당한 사진철거를 요구하는 국회의원 모임, 위안부 문제의 역사적 진실을 요구하는 모임이 결성되었다. 보수의원 연맹 결성에는 몇 가지 흥미로운 경향이 나타나는데, 1997년 결성된 모임이 자민당, 사회당 연립정권의 역사적 진보주의에 대한 반발로 결성된 데 비하여, 2007년 모임은 미국발 위안부결의안에 대한 반발과 더불어 보수정치가 아베 정권하에서 형성되었다는 것이다(구유진 2014/02, 58-59). 미국 뉴저지주 [스타레저(Star-Ledger)]라는 신문에 2012년 11월 4일 다시 "그래, 우리는 사실들을 기억한다(Yes, We remember the facts)"라는 왜곡 광고가 실렸다. 이들이 아베 2차 내각의 주요 직책을 맡았다는 것은 의미심장하다.[49]

이에 대한 국제사회의 비난이 이어졌다. 2007년 12월 13일 유럽의회 결의안은, 1)분명한 방식으로 공식 인정과 사죄, 2)위안부 배상 문제

---

49) 아베 신조 총리, 시모무라 하쿠분(下村博文) 문부과학대신, 후루야 게이지(古屋圭司) 방재·납치문제 담당대신, 이나다 토모미(稲田朋美) 규제개혁 담당대신, 신도 요시다카(新藤義孝) 총무대신이 왜곡 광고에 참여하였다.

를 해결하기 위한 행정기구 설치, 3)재판소가 배상 판결을 내리는 데 장애 요소 없도록 법적 조치, 4)사실 왜곡을 공식 부정할 것, 5)현재와 미래세대에 역사 사실을 교육할 것을 강조하였다. 미국, 네덜란드, 캐나다, 유럽연합, 필리핀 등 국회, 미국의 뉴욕 주의회 상원, 호주 라이드(Ryde)시와 스트래스필드(Strathfield)시에서 일본 정부의 공식 사죄와 배상, 역사교육을 요구하는 의견서나 결의문을 채택하였다.

2009년 12월 18일 일본 구니타치시(国立市) 의회는 [일본군 위안부 문제에 대한 국가의 성실한 대응을 요구하는 의견서]를 찬성 16표, 반대 7표로 가결하였다. 의견서는 피해자에 대한 일본 정부의 공식 사죄와 명예 회복을 요구하였다. 다카라즈카시(宝塚市), 후나바시시(船橋市), 기요세시(清瀬市) 의회도 일본군위안부 문제해결을 요구하는 의견서를 채택하였다. 기요세 시의회에서는 22명 가운데 8명의 자민당 의원들이 반대하였으나, 공명당, 공산당 등이 찬성하였다. 2008년 7월이래, 일본에서는 44개 지자체, 한국에서는 38개 지자체가 위안부 문제 해결을 촉구하는 결의문을 발표하였다.

일본민주당으로 정권이 교체된 2009년 9월은 위안부 문제에 머리를 맞대고 한일 양국이 대안을 모색할 중요한 기회이었다(山口二郎・中北浩爾 2014, 244-251). 그러나, 3.11 동일본대지진, 일본민주당 정권의 불안정이 겹치면서, 2012년 3월 사사에안(佐佐江案)을[50] 통한 해법 도

---

50) 2012년 3월 외무성 사사에 차관이 한국을 방문하여 한국 정부에 제시한 사사에

출은 실패로 끝났다. 2012년 11월 캄보디아 프놈펜에서 열린 동아시아 정상회담에서 한일 정상회담이 예정되었지만, 그 직전 일본 중의원 해산 결정이 내려지면서 한일 간 협의 가능성은 무산되었다(경향신문, 2015/01/29).

2011년 8월 30일 한국의 헌법재판소 결정 이후 9월 14일 외교통상부는 한일청구권협정 대책팀을 설치하였다. 한국 정부는 2011년 12월, 2012년 5월 한일 정상회담, 2011년 9월과 10월, 2012년 4월 외무장관 회담에서 일본 정부의 성의 있는 노력을 촉구하였다. 2012년 9월 유엔 총회에서 한국 정부는 일본의 과거사왜곡과 영토 도발을 공개적으로 비난하고,[51] 외교부장관이 직접 위안부 할머니를 만났다. 2014년 1월 프랑스 앙굴렘(Angoulême)에서 열린 국제만화제에서 일본군위안부 피해 사실을 알리기도 하였다.

2012년 8월 이명박 대통령의 독도 방문, 방한 시 일왕의 사과가 필요

안이다. 1)일본 총리의 공식사죄, 2)위안부 피해자에 인도적 보상(한국 정부가 거부), 3)주한일본대사가 피해자를 방문하여 총리 사죄문을 읽고 보상금 전달이 그것이다. 한국 정부가 거부하자 인도적 보상을 사죄금으로 명칭을 바꾸고, 위안부 교육을 시킨다는 것이었는데, 이번에는 노다 일본 총리가 거부하였다. 한국 정부는 사사에안을 승계해야 한다고 하지만, 아베 내각의 스가 요시히데 관방장관은 이전 정권의 교섭은 상관없다는 입장이다. 일본 정부는 국가책임을 인정하면 엄청난 피해자들의 줄소송이 이어질 것을 우려하고 있다. 당시 주미일본국대사이었던 사사에 겐이치로(佐佐江賢一郎)는 "당시 제안은 공식적인 게 아니라 비공식적으로 했던 것"이라고 주장하였다(중앙일보, 2015/07/10).

51) Asia News Monitor [Bangkok](18 Oct. 2012). "South Korean Foreign Minister Kim Sung-hwan used his keynote speech at the U.N. General Assembly to denounce Japan's territorial claim and refusal to atone for its wartime past."

하다는 발언, 일본 국력도 이전보다 못하다는 지적은 일본 내 반한감정을 불러일으켰다. 한국 정부는 2011년 8월 헌법재판소의 위헌결정 이후 대일 요구를 본격화하였다. 정대협은 2013년 7월 미국 캘리포니아주 글렌데일에 소녀상을 건립하였고, 위안부 문제는 다시 한번 국제 쟁점으로 비화되었다. 일본 우파는 국제사회의 인식을 바꾸기 위해 고노 담화를 수정 혹은 무력화시켜야 한다는 인식을 갖고 있으며, 이는 2014년 6월 고노 담화 재검증으로 드러났다.

일본 정부는 2014년 6월 20일 고노담화가 한일 양국 간 의견교환을 통해 작성됨으로써 한국의 요구가 반영된 점, 아시아여성기금에 대하여 한국 정부가 초기에 동의하였다가 나중에 입장을 바꾸었다고 지적하였다. 일본군 '위안부' 문제의 핵심은 피해자의 의사에 반해 성노예를 강제당했다는 것이 중요하다(신각수, 2014/06/23). 그러나, 아베 정권은 고노담화 재검증을 통하여 실질적인 사문화를 시도하였다.

한일 양국의 위안부 해법은 오랫동안 난관에 부닥쳐 왔다. 한일 간 국장급회의가 12회나 열렸지만 기본적인 입장 차를 좁히지 못하다가 2015년 12월 정부 차원에서 한일 위안부합의에 이르렀다. 일본 정부는 한일청구권협정으로 완전히, 최종적으로 해결되었다는 입장이며, 법적 책임이 없다고 본다. 그러나 위안부 강제 연행 증거가 다수 발견되었고, 한일 강제 병합의 불법성이 국내 재판에서 수 차례 확인되었으며, 위안부 문제가 1965년 한일청구권 협상 시에도 거론되지 않았다는 점에서 일본 측의 주장은 설득력이 약하다.

한중 양국이 정상회담에서 위안부 문제를 공동 연구하기로 합의하자, 일본 정부가 당장 반대하고 나섰다. 스가 요시히데(菅義偉) 관방장관은 "과거사를 국제 문제화 하려는 시도는 지역 평화와 협력 구축에 도움되지 않는다"고 반발하였다(한국일보, 2014/07/04). 아베 신조(安倍晋三) 총리는 일본군 위안부 문제에 관해 외교 문제화 할 일은 아니라고 주장하였다. 조건 없는 정상회담을 요구한 아베 총리의 발언은 일본군 위안부 문제가 법적으로 해결되었음을 강조하고 있다. 그러나 박근혜 대통령은 신년 기자회견에서 국민 눈높이에 맞는 합의안이 필요하다고 언급하였다(연합뉴스, 2015/02/18).

박근혜 대통령은 2015년 3.1절 기념사에서 일본 정부의 진정성 있는 대책을 요구하면서, 재차 대일 원칙 외교를 강조하였다. 기념사는 미국 코네티컷대 알렉시스 더든(Alexis Dudden) 교수를 인용하여 "역사란 편한 대로 취사선택할 수 없고, 일본이 과거사를 인정할 것"을 요구하고 있다. 2015년 4월 한국의 정대협과 일본의 전국행동은 법적 책임 인정과 아울러, 과거사 인정과 보상, 명백한 사죄, 위안부 공교육 등을 주장하였다(한겨레신문, 2015/04/23). 2013년 7월 마닐라를 방문한 아베 총리와 아키노 대통령 간 정상회담이 열리자, 필리핀 위안부 피해자들이 공식 사죄와 성노예 책임을 인정하라는 시위를 벌이기도 하였다.

하재환은, "한국 정부가 일본과 체결한 조약과 협정 해석에 관하여 국제사법재판소에 대해 즉시 소송을 제기할 것, 한국 정부는 일본인 가해자 처벌을 위하여 노력해야 하며, 한일청구권협정을 둘러싼 환경이 근본적으로 바뀌었기 때문에, 한일 협정의 종료를 일본 측에 통고하고, 외교적 보호권을 행사하여 일제강점기 기간 중 보상 청구에 적극 나서야 한다"고 주장한다. 그는 위안부의 생활 안정을 위한 실질적인 지원, 미국과 같이 일본인 전범 입국금지 조치를 요구하였다(하재환 외 1996/12, 125).

한일 사법부간 판결이 부딪치자, 위안부 피해자 12명은 미국 연방법원에 일본 정부와 일본기업, 산케이신문을 대상으로 2천만 달러의 보상을 요구하는 소송을 제기하였다. 그럼에도 아베 총리는 사석에서 "3억 엔이면 일본군 위안부 문제를 해결할 수 있다"고 망언을 되풀이하였다. 일본 주간지 [週刊現代]는 아베가 한일국교 정상화 50주년을 하루 앞둔 2015년 6월 21일, 기시다 후미오 외무상과 만나 오프 더 레코드를 전제로 발언했다고 보도하였다. 또한, 윤병세 외교장관의 방일과 관련해서도 "자발적으로 찾아온다"는 발언까지 서슴지 않았다(중앙일보, 2015/06/30). 2015년 8월 14일에 나온 전후 70년 아베담화는 사죄의 진정성이 결여되었다는 비판을 받았다.

5. 맺음말

샌프란시스코 평화조약에 따라
청구권 협정으로 진행된 1965년 한일 국교정상화는 일본의 식민 지배에
대한 책임을 추궁하지 못했다. 냉전논리에 따른 한일 간 정치, 경제협
력이 중시되면서 식민 통치와 침략전쟁에 대한 사죄와 반성은 뒷전으로
밀려났다. 냉전 이후, 1965년 체제는 심각한 도전을 받았다. 일본군'위
안부' 문제가 드러났고, 피해자와 지원단체는 거리에서, 법정에서, 국
제무대에서 책임인정, 입법 조치, 공식 사죄와 국가보상을 요구하였다.
일본은 1993년 8월 고노 담화를 통해 사실 인정을, 1995년 8월 무라야마
담화를 통하여 반성과 사죄의 뜻을 표명하였다. 김영삼 정부는 일본의

진상규명을 요구하면서 위안부에 대한 보상대책을 실시하였다.

1998년 4월 일본 야마구치현 지방재판소는 1심 판결로 입법부작위에 의한 배상의무를 내리고 일본군 '위안부' 원고에게 각각 30만 원을 지불하라는 판결을 내렸다. 그러나 2001년 3월 히로시마현 고등법원은 일본 정부의 법적 책임을 일체 인정하지 않는 판결을 내렸다. 2003년 3월 최고재판소는 히로시마 판결을 지지하고 상고를 최종적으로 기각하였다. 한국 정부는 2005년 8월 민관공동위원회를 구성하고 한일회담 문서를 전면 공개하였다. 2005년 민관합동위원회는 위안부, 원폭, 사할린 문제가 청구권, 경제협력으로 해결되지 않았으며, 일본 정부의 법적 책임을 요구하였다. 2011년 8월 한국 헌법재판소 결정은 일본군 위안부 문제 해결을 위한 노력을 게을리했고, 위헌에 해당한다는 것이었다. 2012년 5월 한국대법원은 미쓰비시 중공업과 신일본제철 강제징용 피해자들에게 한일 청구권 협정으로 식민 지배 책임 일반이 해결되지 않았고, 개인 청구권도 외교적 보호권도 포기되지 않았다는 판결을 내렸다.

한국 정부의 위안부 해법에 대한 공식 입장은 일관성을 유지하지 못했다. 과거사를 묻지 않는다거나, 보상을 요구하지 않겠다는 입장을 보이기도 하였다. 1965년 체제의 청구권 협정과 전후 보상 사이에서 흔들리기도 하였다. 일본 정부의 공식 사죄와 법적 배상이라는 엄정한 원칙을 요구하는 것인지, 보다 유연성을 발휘하여 적절한 사죄와 인도적 지원을 받아내는 것인지 적극적인 합의가 형성되어 있지 않았다.

사법적 해결도 현재로는 기대하기 어렵다. 2021년 1월 8일, 서울중앙지방법원은 일본 정부가 피해자들에게 각각 1억 원씩 지급하라는 승소 판결을 내렸다. 한일 양국의 사법부 판결은 여전히 상호 대치된 결론을 내리고 있다. 사법적 해결이 어려운 지금, 한일 정부 당국, 피해자와 시민단체, 양국 여론과 국민 정서가 합의할 대안을 찾아내는 것이 중요하다. 실무수준인 한일국장급 협의로 해결하기 어려운 것은 두말할 나위도 없다. 위안부 문제와 정상회담을 분리하고, 한일청구권협정 조항에 따라 중재위원회를 설치하거나(木村幹 2015/03/19), 양국 사법부의 판결을 바탕으로 제3자 국제위원회를 구성하자는 제안도 나왔다. 한일 양국 간 특사를 상호 파견하여 협상 레벨을 격상시키는 방법도 거론되었다.

가장 필요한 전제조건은 일본의 국가 사죄와 전후 보상이 시대적 흐름에 맞추어 진화되어야 한다는 것이다. 2001년 9월 아프리카 더반(Durban) 회의에서 식민 통치에 대한 사죄와 보상 문제가 국제적으로 검토되었다. 식민주의는 21세기가 극복해야 할 시대적 과제임을 천명한 '더반 선언'이 나온 것이다. 리비아와 이탈리아, 케냐와 영국, 인도네시아와 네덜란드 사이에 식민 지배의 불법성을 인정한 민·형사상 청산 움직임이 두드러지고 있다(이장희, 2015/03/03). 1998년 독일 사민당 정권과 독일기업은 제2차대전 시 외국인 강제노역에 대한 적극적인 보상을 약속하였다. 당시 강제 노역자들을 고용했던 관련 기업들과 함께 100억 마르크에 달하는 기금 재원을 마련하여 기억·책임·미래 재단(EVZ)

을 설립하였다(이진모 2012, 253-258). 2004년 독일 정부는 1904년~1908년에 걸친 나미비아 잔학행위에 대하여 사죄하였다. 2008년 이탈리아도 리비아 식민 통치에 대한 사죄와 화해를 약속하고, 50억 달러에 이르는 경제협력을 추진하였다.

일본군'위안부' 문제를 한일 외교당국이 주체적으로 해결하는 것은 매우 중요한 과제이다. 만일 위안부 문제가 미해결 상태로 종료된다면, 양국 외교에 부정적인 영향을 미치는 장기적인 트라우마로 남을 가능성이 높다. 사죄와 보상은커녕 일본군 위안부 제도의 강제성까지 부정하는 일본 정치가의 언동은 더욱 사태를 악화시킬 뿐이다.

일본군'위안부' 해법은 중층적이고 복합적인 구도 속에서 진행되어 왔다. 한국 정부, 일본 정부, 피해자와 시민단체, 양국 언론과 국민, 국제사회가 상호 간 영향을 미치고 있다. 일본 정부가 진정성 있는 사죄와 반성과 아울러 전후 보상을 실시하고, 위안부 피해자와 시민단체, 한국 정부가 수용하는 환경을 마련해가는 것이 중요하다. 한일 당국 간 해법 부재로 피해자와 지원단체가 국제사회에서 위안부 문제를 쟁점화하고, 다시 양국 내 반발을 불러일으킨 것은 결코 선순환 구도라고 할 수 없다. 한일 양국이 진지한 모습으로 대면하면서, 정상회담과 당국자 간 협의를 통해서 해법을 도출해 낼 수 있다는 의지와 노력이 필요하다. 일본의 진정성 있는 사죄, 한국의 기억과 위로, 지원과 구제가 결합한 방안도 검토해 볼 필요가 있다.

참고문헌

강가람(2008), "한일 사회내 일본군 위안부 문제와 초국적 여성연대의 가능성."

한일연대21, 『한일 역사인식 논쟁의 메타 히스토리』, 서울: 뿌리와이파리.

구유진(2014/12), "역사문제를 둘러싼 일본 보수의원 연맹 연구." 『일본공간』. Vol.16.

권희순(1996/05), "일본군 위안부 문제에 대한 유엔 인권위에서 승리와 특별보고서
　　　채택의 의미." 『교회와 세계』.

개번 맥코맥(1997), "일본 자유주의 사관의 정체.", 『창작과 비평』.

김은식(2001/01), "2차대전의 마지막 전쟁, 징용자 소송." 『월간 말』

김창록(2013), "한일청산의 법적 구조.", 『법사학연구』 47호

김혜원(1993), "제2차 종군위안부 문제 아시아 연대회의 보고."

박수길(2014), 『그동안 우리가 몰랐던 대한민국 외교이야기』, 서울: 비젼코리아, 113-117.

박철희(2008), "한일 갈등의 반응적 촉발과 원론적 대응의 구조.", 『한국정치외교사논
　　　총』, 29(2).

소에야 요시히데(2015/02/09), 『한일관계 50년의 성찰, 제2차 워크숍 토론문』, 게이오
　　　대학.

신각수(2014/06/23), "고노 담화 검증은 역사의 덫이다.", 『중앙일보』.

양기호(2015/07), "샌프란시스코 평화조약의 역사적 분석과 극복방안.", 『제6회 역사
　　　NGO 세계대회 자료집』.

양현아(2001/12), "증언과 역사쓰기-한국인 군위안부의 주체성 재현", 『사회와 역사 60』.

오마이뉴스(2014/02/03), "서평: 위안부 연구 20년의 결실, 일본군위안부 그 역사의
　　　진실."

윤명숙(2008), "일본군위안소 제도 및 일본군위안부 문제를 둘러싼 주요 쟁점.", 현대
　　　송 편, 『한국과 일본의 역사인식』, 서울: 나남.

윤미향(2014), "일본군 위안부 피해자와 정대협 운동.", 한국정신대대책협의회 번역기
　　　획, 『그들은 왜 위안부를 공격하는가』, 서울: 휴머니스트.

윤미향(2011 겨울), "20년간의 수요일-일본군 위안부 문제 해결을 위한 생존자들과
　　　여성들의 연대.", 『한국여성신학』.

윤미향(2006 봄), "아직도 해결되지 않은 문제, 일본군 위안부.", 『황해문화』.

이원덕(2014), "한일관계와 역사마찰: 김영삼정권의 대일 역사외교를 중심으로.", 『일

본연구논총』, 제40권.

이장희(2015/03/03), "국제법을 평화의 무기로 적극 활용해야.", 『경향신문』.

이지영(2014), 일본사회의 일본군위안부 문제에 대한 담론의 고찰.", 『한국정치학회
보』 47(5).

이진모(2012), "두개의 전후-서독과 일본의 과거사 극복 재조명.", 『역사와 경계』, 제82집.

장복희(2014), "국가의 자국민 보호의 권한과 의무―강제징용 피해자와 일본군위안부
배상을 위한 국가의 교섭의무.", 전쟁과 여성대상 폭력에 반대하는 연구행동센터
엮음.

정신대대책협의회 번역기획(2014), 『그들은 왜 위안부를 공격하는가』, 휴머니스트.

정진성(2014/07/08), "日 고노담화 검증의 허구.", 『국민일보』.

정진성(2003), "전시하 여성침해의 보편성과 역사적 특수성: 일본군 위안부 문제에 대
한 국제사회의 인식.", 『한국여성학』, 19(2).

최명숙(2012), "초국적 시민연대의 형성과 한계: 일본군 위안부를 위한 한일 시민운동
을 중심으로.", 『일본문화연구』, 제41집.

하종문(2001), "천황제, 도쿄재판, 샌프란시스코 평화조약.", 『아세아연구』, 44(2).

하재환 외(1996/12), "한국 및 한국인에 대한 일본의 법적 책임.", 『부산대학교 법학연
구』, 37(1).

허란주(2010), "위안부 문제와 일본의 민족적 책임: 페미니즘과 민족주의 화해 가능성.",
『아세아연구』, 53(3).

吉岡吉典(2009), 『韓国併合100年と日本』, 東京, 新日本出版社.

大沼保昭(2007), 『慰安婦問題とは何だったのか』, 東京, 中公新書.

マイケル・ヨン＋古森義久(2015/02), "慰安婦問題はフィクションだ.", 『Voice』.

木村幹(2015), 『日韓歴史認識問題とは何か-歴史教科書・慰安婦・ポピュウリ
ズム』, 東京, ミネルバ書房.

木村幹(2015/03/19), 『THE HUFFINGTON POST』.
http://www.huffingtonpost.jp/kan-kimura/japan-korea-claim_b_6884322.html

山岡鐵秀(2015/02), "オーストラリアの慰安婦像はこうして阻止した.", 『正論』.

産経新聞(2014/09/01), "被告は 河野洋平, 司法にも持ち込まれた強制連行."

山口二郎・中北浩爾(2014), 『民主党政権とは何だったのか』, 東京, 岩波書店.

熊谷奈緒子(2014), 『慰安婦問題』, 東京, 筑摩書房.

日本の前途と歴史教育を考える議員の会 監修(2008/10),『南京の實相』.

Asia News Monitor(17 Aug 2012), "South Korea/United Nations: S. Korea raises 'comfort women' issue at U.N. session" *[Bangkok]*.

Charles L. Glaser, Thomas U.Berger, Mike M. Mochizuki, and Jennifer Lind(2009). "Roundtable Discussion of Jennifer Lind's Sorry States: Apologies in International Politics", *[Journal of East Asian Studies 9]*.

Jiji Press English News Service *[Tokyo]* (01 Nov 2012), "China, S. Korea Rap Japan over Comfort Women at U.N. Panel" .

Lee, David Chulwoo(27 Dec 2013), "S.Korea, Japan begin talks on comfort women ahead of Obama's visit"*[Newsday]* (Long Island, N.Y).

Soh, C Sarah(Nov. 2009), "The Comfort Women: Sexual Violence and Postcolonial Memory in Korea and Japan" *[The Journal of Asian Studies 68.4]*.

문재인 정부와 한일관계

갈등을 딛고 미래지향적 협력을 추구한 5년의 기록

제4장

———

한일
위안부합의를 둘러싼
상호인식의 격차

2023년 8월은 일본군'위안부'[52] 동원의 강제성을 인정한 '고노 담화'가 발표된 지 30주년을 맞이한 해이다. 일본군'위안부' 쟁점은 문재인 정부와 아베·스가 정부 간 '뉴노멀(new normal)로서 한일 역사 갈등'이 심화되는 계기가 되었다. 특히 주목할 점은 일본군'위안부' 쟁점을 둘러싸고 한일 양국 간 1)2015년 위안부합의에 대한 인식과 해석의 차이, 2)위안부 문제의 근본 해결에 대한 서로 다른 기준, 3)사법부 판결에 대한 양국 간 상이한 주장이라는 3개 차원에서 상호 간 대립이 두드러지면서 역사 갈등이 깊어졌다는 것이다.

구체적인 내용을 살펴보면 다음과 같다. 첫째, 한일 갈등이 위안부합의에 대한 상호인식, 검증보고서에 대한 평가, 화해·치유재단 해산을 둘러싸고 양자 간 인식과 해석의 차이가 있었다. 둘째, 일본군위안부 문제 해법에 대한 기준이 크게 달랐다. 최종적, 불가역적 해결에 대해 각자 기준이 달랐고, 구체적인 문서나 행동계획도 부재하였다. 셋째, 한국 사법부는 일본군'위안부' 강제 연행이 구 일본제국에 의한 전쟁범죄로 피해자 승소 판결을 내린 반면, 일본 정부는 국제법상 국가면제 원칙이 적용되어야 한다고 주장하였다.

---

52) 여기서는 정식 명칭인 일본군'위안부'를 편의상 일본군'위안부' 또는 일본군위안부로 표기하거나 순수하게 약칭으로 위안부, 위안부 문제 또는 위안부 쟁점으로 표기하였다.

1. 한일 위안부합의에 대한 재조명

                                 윤석열 정부의 한일관계 개선 의지에도 불구하고 강제 징용과 일본군'위안부' 등, 과거사 쟁점을 둘러싼 역사 갈등의 불씨가 여전히 뿌리 깊게 남아 있다. 강제 징용 쟁점은 한국 정부가 나서서 제3자 채무 인수 후, 기금조성과 피해자에 지급하는 '병존적 채무 인수'라는 해법[53]을 제시했지만, 피해자들의 반발은 더욱 거세지고 있다. 고노 담화 30주년을 맞이한 2023년 8월 현재, 일본군 '위안부' 쟁점은 일본 정부에 배상책임을 확인한 사법부 판결로 해결 방

---

53) BBC뉴스 코리아(2023/03/06), "한국 정부의 강제징용. 해법과 배경" https://www.bbc.com/korean/news-64858604 외교부·정진석 의원실 공동주최 [강제징용 해법 논의를 위한 공개토론회] 자료집(2023/01/12).

법을 찾아내기 어렵고, 양국 간 입장 차는 여전히 남아 있다.[54] 일본군 '위안부' 문제는 문재인 정부기 한일 간 쟁점으로 떠오르면서, 인식과 해법, 사법부 판결에 대한 해석차로 인하여 상호 갈등이 두드러졌다.

한일 양국은 2015년 12월 한일 위안부합의에 이르렀지만, 문재인 정부기 들어 갈등과 대립이 더욱 확산하였다. 일본 측은 [위안부합의 검토 TF 결과보고서] 제출(2017.12), 화해·치유재단 해산(2018.11)에 크게 반발하였다. 일본군'위안부' 쟁점은 한일 양자 간 갈등에 그치지 않고, 글로벌 쟁점으로 부각하였다. 2020년 10월 독일 베를린시 미테구 소녀상 설치를 둘러싼 일본 정부와 현지 시민단체 간 갈등은 제3국에서 위안부의 진실을 둘러싼 '기억의 전쟁'을 노정(露呈)하였다. 2020년 12월 미국 하버드대학 마크 램지어(J. Mark Ramseyer) 교수의 왜곡 논문은, 위안부 쟁점이 한일 양자관계가 아닌 '글로벌 기억 투쟁'임을 또다시 상기시켰다.[55]

아베 신조(安倍晋三) 정권에서 스가 요시히데(菅義偉) 정권에 이르기까지 일본군'위안부' 문제는 일본 외교의 중대한 관심사이었다. 기시다 후미오(岸田文雄) 총리는 2015년 12월 한일위안부합의 시 외무대신으

---

54) 일본군위안부연구회 외 공동주최(2023), [고노담화 30년과 쟁점](2023/05/20) 자료집을 참고할 것.

55) 2020년 12월 국제학술지 『국제법경제학 리뷰(International Review of Law and Economics, IRLE)』 온라인 판에 미국 하버드대학교 로스쿨 존 마크 램지어(John Mark Ramseyer) 교수의 논문, 「태평양전쟁에서의 성(性) 계약(Contracting for sex in the Pacific War)」이 게재되었다.

로 직접 관여한 당사자이기도 하였다. 일본 정부는 해외에서 소녀상 설치나 국제무대에서 위안부 문제 제기에 반발하는 등 시종일관 강경하게 대응하였다. 기미야 다다시(木宮正史) 교수는 "한일 간 감정을 자극했던 위안부 문제는 상대방 주장을 서로 부정한다는 의미에서 한일 '역사 전쟁'으로 전개되고 있다. 그 결과 한국은 '소녀상'을 도덕적인 대일 공격 수단으로 인식하고, 일본도 민감하게 반격 자세를 강화하였다."[56] 고 지적하였다.

일본 내 우파 언론인 산케이신문(産経新聞)은 "위안부 문제는 역사 인식의 견해 차이가 아니라, 싸움＝역사 전쟁(歴史戦)"이라며, 위안부 문제가 일본 국내에서 승리했지만, 해외에서 계속 패배하고 있다는 인식을 가지고 있었다. 즉, '해외 역사 전쟁에서 계속 지고 있는 피해자로서의 일본'[57]이라는 왜곡된 자기 인식이다. 다수 남성에게 여전히 성폭력은 범죄의 심각성에도 불구하고, 남성으로서 자부심과 연결되는 특수한 감정으로 받아들이게 된다. 이러한 감정이 "내셔널리즘과 융합되면 강한 자기 방어적 반응을 일으키게 된다."고 위안부 문제의 복잡한 함의를 지적하고 있다.[58]

---

56) 기미야 다다시(2020/10/17), "한일관계의 당면현안-한국 대법원 판결을 둘러싼 한일관계와 그 배경.", 사단법인 한일미래포럼 주최 『2020년 한일 언론인과 전문가 공동 웨비나 자료집』, pp.15-19.

57) 山口智美 外(2016), 『海を渡る「慰安婦」問題－右派の「歴史戦」を問う』, 岩波書店, p.4,

58) 木村草太(2015/08/14), "安倍首相. 戦後70年談話の文言を分析する.", 『WE-

2021년 2월 미국 국무부 대변인실 관계자는 한일 간 긴장 관계는 유감스러우며, 대북정책에서 한일 협력이 매우 중요하다는 인식을 분명히 하였다.[59] 한일 간 갈등 상황에 대해 직접적인 우려를 표한 것은 이례적인 상황이라는 지적이 나왔다. 미국 의회조사국(CRS: Congressional Research Service)도 2021년 2월 보고서에서 한일관계가 수십 년 만에 최저 수준으로 악화하면서, 한미일 3국의 정책 조율을 방해하고 있다고 평가하였다.

국내 사법부에서는 일본군'위안부' 민사소송을 둘러싸고 상반된 판결이 잇달아 나오면서 위안부 문제에 대한 다양한 인식이 드러났다.[60] 2021년 1월 서울중앙지법 민사소송 판결은 한반도 지역에서 일제 불법 점거 하 광범위하게 자행된 국제법 위반행위에 대해, 일본 정부가 일본 군위안부 피해자 1인당 각각 1억 원씩 지급하라는 명령을 내렸다. 일본 정부는 애당초 국가면제를 주장하면서 서울중앙지법 1심 판결에 대해 항소하지 않았고, 결국 최종 확정판결로 이어졌다.

2021년 4월 이용수 등 일본군'위안부' 피해자가 제기한 서울중앙지법 민사소송 결과는 이와 달랐다. 일본의 국가면제 주장을 인정하고, 한일 양국이 외교적 노력을 통해 해결할 것을 촉구하였다. 그러나, 다시 6월

BRONZA』.

59) VOA 뉴스(2021/02/16), "미·한·일 '3국 협력' 중요…동북아 정책 핵심."
60) 국민일보(2021/06/16), "일본군위안부 소송 한 사건 두고 세 판단 나온 이유."

재판에서 1월 소송판결의 강제집행은 적법한 것이며, 국내 일본 정부가 보유한 재산목록을 제출하라는 결정이 나왔다. 1월 판결이 확정된 만큼 국내 피해자들은 일본 정부가 가진 국내 재산에 대해 강제집행이 가능한 상태이며, 한일 외교당국은 외교적 해법으로 풀어야 하는 숙제를 안게 되었다.

문재인 정부기 한일 갈등 요인으로 대북정책의 격차(양기호, 2019/05), 국가 정체성의 차이(신정화, 2019/12) 등을 지적할 수 있지만,[61] 위안부 쟁점은 문재인 정부 임기 내내 지속된 양국 정부와 국민 간 중대한 갈등 사안이었다. 이처럼 위안부 문제가 한일 양국 간 최대 쟁점이라는 현실에도 불구하고, 한일 양국 간 정치, 외교적 과정을 학술적으로 분석한 논문은 매우 소수에 불과하다. 위안부 문제는 여전히 논쟁적이고 민감한 사안으로 남아 있으며, 사실과 주장을 담은 저서나 보고서 등이 다수를 차지하고 있다.[62]

---

61) 양기호(2019/05), "문재인정부 한일 갈등의 기원-한일 간 한반도 비핵화와 동북아외교 격차를 중심으로-.", 『일본학보』 119, pp.231-250; 신정화(2019/12), "문재인 정권과 아베 신조 정권의 새로운 나라 만들기: 불신과 갈등의 확산.", 『일본연구논총』 50, pp.115-142. 등이 있음.

62) 일본군'위안부' 쟁점을 학술적으로 분석한 주요 논문으로 이원덕(2014/12), "한일관계와 역사마찰: 김영삼 정권의 대일 역사외교를 중심으로.", 『일본연구논총』 40, pp.241-268; 양기호(2015/12), "한일갈등에서 국제쟁점으로: 위안부문제 확산과정의 분석과 함의.", 『일본연구논총』, 42, pp.5-30; 이면우(2016/12), "한일 역사갈등의 전후사: 위안부 문제를 중심으로.", 『일본연구논총』, 44, pp.183-214; 손열(2018/06), "위안부합의의 국제정치 : 정체성-안보-경제 넥서스와 박근혜 정부의 대일외교.", 『국제정치논총』, 58(2), pp.144-177; 조윤수(2018/12), "일본군위안부 문제에 대한 아베 정권의 인식과 정책: 한일 위안부합의를 중심으로.",

특히 문재인 정부기에 한일 정부 간 갈등 구도로 고착되어간 정치적 과정과 인과관계에 주목할 필요가 있다. 2015년 한일 위안부합의 이후, 위안부 쟁점의 주요 주체가 일본 정부 vs 국내 피해자와 시민단체의 구도에서 "한국 정부 vs 일본 정부" 구도로 바뀌어갔다. 문재인 정부 vs 아베-스가 정부 간에 일본군 위안부 쟁점이 극대화되고 상호 불신의 구도가 정착된 과정을 인식, 해법, 판결이라는 3개 변수를 설정하고, 정치적 과정과 인과관계를 밝혀내는 것이 사안의 본질을 파악하는데 중요한 요

『일본연구논총』, 48, pp.113-143; 양기호(2019/05), "문재인정부 한일 갈등의 기원-한일 간 한반도 비핵화와 동북아외교 격차를 중심으로-.", 『일본학보』 119, pp.231-250; 조진구(2019/06), "문재인 정부의 대일정책: 일본군위안부 문제를 중심으로.", 『한일민족문제연구』, 36, pp.165-205; 신욱희(2019/08), "일본군 위안부 피해자 문제 합의와 한일 관계의 양면 안보 딜레마.", 『아시아리뷰』, 9(1), pp.151-177; 신정화(2019/12), "문재인 정권과 아베 신조 정권의 새로운 나라 만들기: 불신과 갈등의 확산.", 『일본연구논총』, 50, pp.115-142; 백시진(2021), "일본군'위안부' 문제의 탈진실 정치-아베 정권을 중심으로.", 『동북아역사논총』, 71, pp.307-352; 일본군위안부연구회 외 공동주최(2023/05/20), [고노담화 30년과 쟁점]; 정의기억연대 외 공동주최(2023/08/02), [고노담화 30년, 그 내용과 의미를 다시 묻다] 등이 있다.
저서는 주장과 논쟁이 포함된 책들이 적지 않다. 학술저서로 우수한 木村幹(2014), 『日韓歷史認識問題とは何か』, ミネルヴァ書房, 외교사적 시각에서 접근한 조세영(2018), 『외교외전』 한겨레출판, 문재인 정부기 한일 갈등을 분석한 길윤형(2021), 『신냉전 한일전』, 생각의 힘, 다수 학자들이 한일 위안부합의를 비판한 내용을 실은 마에다 아키라 편저(2016), 『한일 위안부합의의 민낯』, 창해, 위안부 해법을 둘러싼 논쟁을 소개한 박철희 외(2021), 『위안부 문제, 어떻게 풀 것인가』, 서울대 국제학연구소, 위안부 문제를 제국의 시각에서 재구성하였고 법적 소송에 휘말렸다가 2023년 10월 대법원에서 최종 승소한 박유하(2015), 『제국의 위안부』, 뿌리와 이파리, 윤미향사태 이후 위안부 운동단체를 비판한 심규선(2021), 『위안부 운동, 성역에서 광장으로』, 나남 이 있다. 이 밖에도 다수 저작과 보고서가 있지만, 지면 관계상 생략하였다.

소가 된다고 할 수 있다.

지금까지 나온 논문을 살펴보면, 조진구는 「한일 위안부합의 검증 보고서」(2017년 12월)[63]의 내용을 분석하면서 문재인 정부의 입장과 변화를 해석하는 데 초점을 맞추고 있다.[64] 그의 주장은, 「보고서」의 '피해자 중심적 접근'[65]이 사실상 실체가 불분명했다는 점 등을 들면서 그 한계를 지적하고, 양국 정부의 대응에 나타난 문제점을 조목조목 비판하고 있다. 특히 일본군'위안부' 문제가 국민감정을 자극하는 민감한 사안임에도 불구하고, '국내 정치적 요인에 이용되면서 상호 불신을 증폭시켰다'고 주장하고 있다(조진구, p.193).

신정화는 문재인 정권과 아베 신조 정권의 새로운 국가상 모색 과정을 비교 분석하고 있다. 결론적으로, 양국 관계 악화의 요인을 문재인 정부의 동북아 평화 번영의 추구 vs 아베 정권의 헌법개정과 전후 체제 극복과 과거사 청산이라는, 한일 양국의 새로운 나라 만들기 과정에서 각각의 변화가 상대방에게 위협요인으로 작동하면서 불신과 갈등이 증

---

63) 정확한 명칭은 2017년 12월 27일 나온 「한·일 일본군위안부 피해자 문제 합의(2015.12.28.) 검토 결과 보고서」이다. 이하 「보고서」로 약칭하기로 한다.

64) 조진구(2019/06), "문재인 정부의 대일정책-일본군위안부 문제를 중심으로-.", 『한일민족문제연구』, 36, pp.165-205.

65) 여기서는 '피해자 중심주의'와 '피해자 중심적 접근'을 나누어 사용하지 않는다. 2005년 12월 유엔총회 결의 공식 용어는 '피해자 중심적 접근(victim centered approach)'이며, 한국 정부는 '피해자 중심주의'를 자주 사용하고 있다. 피해자가 겪은 피해의 심각성 정도와 피해가 발생했던 정황의 역사적 맥락에 따라 그에 상응하는 완전하고 효과적인 피해의 회복이 이루어져야 한다는 것이다.

폭되었다고 결론짓고 있다.[66] 그에 따르면, 문재인 정부 출범 이후 한일 관계를 긴장시킨 첫 현안은 위안부합의 쟁점이었다.

아베 신조 총리와 63%에 달하는 일본 국민은 2015년 12월 한일 위안부합의로 '최종적이고 불가역적으로 종결되었다'고 인식했으며, 2015년 8월 아베 총리의 종전 70주년 담화 발언처럼 57%의 일본 국민들이 '더 이상 사죄할 숙명을 짊어질 필요가 없다'는데 동조하였다.[67] 이에 반해서, 한국민들은 54%가 위안부합의를 부정적으로 인식하였다. '사죄 편지를 쓸 생각이 털끝만큼도 없다'는 아베 총리 발언이나 해외 소녀상 철거 압박 등, 아베 정권의 진정성 여부를 한층 더 의심하게 되었다. 결국 한일 양국은 정상회담에서 의견차를 좁히지 못했고, 일본 측은 화해·치유재단 해산을 합의 파기로 인식하면서, 보수 우파들은 '약속을 위반한' 한국을 공격하기 시작하였다(신정화, pp.132-133).

문재인 정부기에 초점을 맞춘 것은 아니나, 위안부 문제와 한일 갈등을 설명한 몇 개의 논문도 눈에 띈다. 이면우는 탈냉전기에 접어들어 한일 간 위안부 쟁점이 부각하면서 협력과 갈등의 양극을 오가는 진동 폭이 두드러졌다고 지적하였다. 특히 당사자인 일본 정부 vs 피해자와 시민단체 간 갈등이 확대되었고, 한일 합의에도 불구하고 쟁점화가 지속

---

66) 신정화(2019/12), "문재인 정권과 아베 신조 정권의 새로운 나라 만들기: 불신과 갈등의 확산.", 『일본연구논총』, 50, pp.115-142.

67) 한국경제(2015/08/14), "아베담화 전후 70주년, 일본인 57% 사죄 더 이상 필요없어."

되었다.[68] 애당초 당사자가 일본 정부 vs 피해자 지원단체에서 박근혜 정부기 한일위안부합의를 거치면서, 합의 파기 논란을 둘러싼 한국 정부 vs 일본 정부 갈등으로 바뀌었다는 점에 주목할 필요가 있다.

조윤수는 아베 정권의 일본군'위안부' 인식에 나타난 문제점을 날카롭게 지적하고 있다. 그는 아베 정권이 기존 위안부를 부정하는 인식은 바뀌지 않은 채, 한국과 정치적 합의를 해버렸고, 따라서 국내 우파 비판을 무마하고자 오히려 더 한국에 강하게 반발했다는 점을 지적하고 있다.[69] 아베 정권이 왜 그토록 위안부 강제 동원을 부인하고, 일본대사관 앞 소녀상 이전에 집착하고, 성노예 용어를 거부하였는지, 원인과 배경을 매우 흥미롭게 설명하고 있는 점이 특징이다.

일본 내 한국에 대한 부정적 이미지는 다양한 변수가 중첩되었다는 지적도 있다. 촛불시위에 대한 편견에다 문재인 후보가 합의 파기를 주장한 것을 빌미로, 노무현 정권의 데자뷰(deja vu, 기시감)로 간주하면서 불신감이 팽배해졌다는 것이다.[70] 지금까지 주장들은 다양한 관점에서 위안부 문제와 한일 관계에 대해 설명하고 있으나, 문재인 정부와 아베-스가 정권 간 위안부 쟁점을 둘러싸고 상호 불신의 구도가 형성된 정

---

68) 이면우(2016/12), "한일 역사갈등의 전후사: 위안부 문제를 중심으로.", 『일본연구논총』, 44, pp.183-214.

69) 조윤수(2018/12), "일본군위안부 문제에 대한 아베 정권의 인식과 정책: 한일 위안부합의를 중심으로.", 『일본연구논총』, 48, pp.113-143.

70) 손제용(2017), "일본이 문재인정부 출범을 바라보는 관점.", 『일본공간』, 21, 국민대일본학연구소, pp.224-231.

〈그림 5〉 한일 일본군위안부 피해자 문제 합의 검토 결과를 발표중인 태스크 포스(TF)_ 오태규 위원장

치, 외교적 과정을 구체적으로 설명하지 못하고 있다. 따라서, 일본군 '위안부' 쟁점을 둘러싼 한일 간의 인식, 해법, 판결을 설명변수로 하여 정치·외교적 과정을 설명하고 인과관계를 규명하고자 한다.

2. 인식, 해법, 판결

1) 인식의 차이

한일 양국 간 결정적인 차이는 2015년 12월 한일 위안부합의에 대한 인식과 해석이었다. 2017년 12월 28일 '박근혜정부 하 한일위안부합의 과정을 검증한' 「보고서」가 나온 뒤, 문재인 대통령은 "위안부합의만으로 완전히 해결될 수 없다. 절차나 내용 면에서 흠결이 확인되었다. 국제사회의 보편원칙에 위배될 뿐만 아니라, 피해 당사자와 국민이 배제된 정치적 합의였다"는 입장문을 발표하였다.

2018년 1월 4일 문재인 대통령은 일본군 '위안부' 피해자 8명을 청와대로 초청해 "내용과 절차가 잘못되었으며, 위안부합의만으로 완전히 해결될 수 없다"고 언급하였다. 아베 총리는 이를 반박하면서 "위안부합의는 국가 대 국가 간 약속이며, 일본은 약속을 성의있게 이행하고 있다. 한국도 약속을 지킬 것"을 요구하였다. 스가 요시히데(菅義偉) 당시 관방장관은 합의 논란은 한국 내부의 문제이며, 합의는 1mm도 움직이지 않을 것이라고 강조하였다.[71]

문재인 정부 출범 이후 일본 측은 한국에 위안부합의 재검증을 하지 말라고 요청한 반면, 한국은 투트랙 접근(two track approach)을 수차례에 걸쳐서 일본 측에 설명하였다. 한국 측은 피해자가 생존한 현재 상태에서 과거사 해결은 어렵고, 이와 별도로 사회문화, 안보와 경제 등에서 한일 협력을 추진하는 투트랙 접근을 일본 측에 몇 번이나 설명하였지만, 일본은 이를 수용하지 않았다.[72]

2015년 12월 한일 위안부합의에 대해 일본 측은 최종적이고 불가역적 해결, 즉 문제의 '시간적인' 의미에서 최종적이고 불가역적인 해결에 방점을 두었다. 위안부 문제에 대해 가해자로서 일본의 사죄나 보상은 끝났고, 한일 간 외교 쟁점으로서 더 이상 위안부 문제가 존재하지 않는다는 인식이었다. 주한 일본대사관 앞 소녀상은 철거될 것이며, 한일 양자 간 혹은 다자간 국제무대에서 두 번 다시 제기하지 않는다는 것이, 일본

---

71) 인사이트(2018/01/08), "일본 아베. 문재인 대통령 향해.. 위안부합의 지켜라 압박."
72) 전직 청와대 고위관계자와의 인터뷰(2021/01).

측이 인식한 '기대치에 가까운 약속'이었다. 일본 외무성 홈페이지는 한일 간 위안부 문제가 1965년 한일청구권협정과 2015년 한일위안부합의로 '최종적으로 완전히 해결되었음'을 강조하고 있다.

그러나, 한국 측은 한일 외교 당국 간 합의 파기나 재협상은 없지만, 위안부합의에 의해 완전히 해결될 수 없으며, 사법부 판결을 존중하고 피해자 중심주의[73]에 서야 한다고 보았다. "2015년 한일위안부합의가 정부 간 공식 합의임을 상기"하지만, 국제규범과 보편인권의 원칙 하에서 다루겠다는 입장을 재확인하였다.[74] 한일 간 논란이 커진 것은 2018년 11월 화해·치유재단의 해산이었다. 일본 정부는 재단 해산이야말로 한국 측의 약속 위반 증거라고 압박하였다. 일본 정계와 사회에 '약속을 지키지 않는 한국' 이미지가 확산되어 갔다.

2) 해결의 기준

일본 정부는 일관되게 1965년 한일청구권협정과 2015년 한일 위안부합의에 따라, 약속을 지킬 것을 요구하였다. 국제법과 합의를 강조하면서 문재인 정부를 비난하였고, 일본 언론과 일본 국민 다수는 이에 동조하였다. 한편, 한국 정부는 국제규범과 보편인권을 중시하면서 올바른

---

73) 경향신문(2020/06/11), "피해자 중심주의..그들의 '공통된 뜻'이 있다는 건 환상"은 피해자 중심주의 논란에 대해 분석하고 있다.
74) 일본군위안부 민관협의회(2021/06/04)에서 외교부 고위당국자 발언 내용.

역사 인식을 강조하였다. 한국 국민과 여론은 고노담화에 있는 강제 연행을 부인하고 소녀상 설치에 반발하는 아베 정권에 공감할 수 없었다.

아베 정권은 2007년 3월 각의 결정에서 강제 동원을 부인한 데 이어, 2014년 6월 고노담화 재검증을 통하여 실질적인 형해화 작업을 추진하였다. 아베 정권은 일본군위안부 강제 동원에서 광의의 강제성과 협의의 강제성으로 나누고, 강제로 납치했다는 협의의 강제성은 없었다고 주장하였다.[75] 2014년 고노담화 재검증 보고서는 마치 고노담화가 한일간 외교협상의 결과물인 것처럼 포장하기도 하였다. 2015년 12월 위안부합의 발표에서도 아베 총리의 직접적인 사죄 발언은 없었고, 피해자에 대한 추가적인 감성 조치도 없었다.

2015년 12월 한일 위안부합의는 양국 외교장관의 구두 발표로 종료되었고, 각각의 외교부 홈페이지에 실린 것 외에 문서 자체는 없었다. 일본 측 기시다 외상이 발표한 "아베 총리가 내각총리대신으로서 통절한 사죄와 반성을 표명하며" 라는 표현은 아베 총리 본인이 직접 발언한 것이 아니었다. 2016년 6월 하기우다 고이치(萩生田光一) 관방부장관은 10억엔 제공과 소녀상 이전이 패키지라고 주장하였다.[76] 아베 총리는

---

75) 고노담화의 형해화 과정에 대해 남상구(2017), "일본 정부의 일본군위안부에 대한 역사인식과 정책변화.", 『한일관계사연구』, 58, pp.405-443 논문을 참고할 것. 한일 위안부합의의 결함으로 '피해자 중심주의 부재'를 지적한 논문으로, 양현아(2016/03), "2015년 한일 외교장관의 위안부 문제 합의에서 피해자는 어디 있었나? 그 내용과 절차.", 『민주법학』, 60, pp.13-44. 등이 있음.

76) 연합뉴스(2016/06/01), "日 집권당 의원들. 소녀상 철거 전에 10억 엔 내선 안 돼."

2016년 10월 국회에서 추가적인 감성 조치로서 위안부 피해자에게 직접 편지를 쓸 생각이 있느냐는 질문에 대해, '털끝만큼도 없다'고 답변하였다.[77] 일본 측의 무성의한 발언과 행동은 국내 피해자와 지원단체, 국민의 반발을 사기도 하였다.

'최종적이고 불가역적인 해결'에 대한 인식차가 발생하면서 갈등이 격화되었다. 일본 측은 "재단 설치에 필요한 기금을 출연하고 이것이 착실히 실시된다는 것을 전제로, 최종적 및 불가역적으로 해결될 것임을 확인하는 것"으로 인식하였다. 당시 일본 측 발표문에는 '상기 1.(2) 재원 출연을 전제로' 하는 표현이 되었고, 한국 측 발표문은 '일본 정부가 앞서 표명한 조치를 착실히 실시함을 전제로' 되어 있었다.

일본 측은 10억 엔을 내면 최종적으로 불가역적으로 해결되는 것으로 인식하였고, 합의 발표 직후, 당시 기시다 후미오(岸田文雄) 외상이 일본기자 간담회에서 확인하였다. '최종적, 불가역적 합의에 집착한 일본 정부' vs '합의를 유지하되, 결함을 지적한 한국 정부'간 갈등이 점차 커져만 갔다. 특히 화해·치유재단 해산을 둘러싸고, 일본 내 악의적인 '문

---

77) 아베 총리의 2016년 10월 3일 중의원 예산위원회에서 답변 내용. 이에 앞서 2016년 1월 오가타 린타로(緖方林太郎) 일본민주당 의원은 중의원 예산위원회에서 일본군'위안부' 피해자들에게 총리가 직접 사죄를 표현해 달라고 요청했으나, 아베 총리는 이미 '최종적이고 불가역적으로 끝난' 문제를 다시 거론하는 것은 바람직하지 않다며 거부했다(衆議院予算委員会, 2016/01/12). 아베 총리가 위안부 합의를 '시간적인 종료'로 인식하고 있음을 잘 보여준다. 조윤수(2018/12), "일본군위안부 문제에 대한 아베 정권의 인식과 정책: 한일 위안부합의를 중심으로.", 『일본연구논총』, 48, pp.113-143을 참고할 것.

재인 정부가 합의 파기' 프레임이 만들어졌고, 한국 내 일부 공유되면서 대립을 심화시켰다.

일본 정부는 성실 신의의 원칙에 따라 한일 간 외교적 해법을 모색하기는커녕, 한국 정부에 일방적인 책임을 전가하면서 국제법 위반, 약속 위반을 주장하였다. 한일 위안부합의에 따라 10억 엔을 출연할 경우, 한일 외교 문제에서 한국 국내문제로 바뀌고 나중에 합의 불이행을 공격할 수 있다는 논리가 우파 언론에서 나오기도 하였다.[78]

3) 사법부 판결과 대응

2021년 1월 사법부 판결 이후 일본군위안부 쟁점은 새로운 단계에 접어들었다. 1월 8일 서울중앙지법에서 일본군위안부 피해자 손배소 승소 판결이 나왔다. 재판부는 "원고들이 일본 측 불법행위로 인한 손해배상을 청구했는데 국내 법원이 피고에게 재판권을 행사할 수 있는지, 국가(주권) 면제가 적용될 수 있는지가 쟁점"이라며, 이 사건은 피고에 의해 계획적·조직적으로 자행된 범죄행위로 강행규범을 위반한 것으로 판단된다는 결론을 내렸다. 따라서 일본국 정부는 피해자에게 각각 1억 원씩 지급하라는 판결을 내렸다.

이에 대해 가토 가쓰노부(加藤勝信) 관방장관은 사법부 판결은 매우

---

78) 한겨레신문(2021/07/18), "아비루 루이 산케이신문(産経新聞) 논설위원의 2016년 7월 주장."

유감이며, 결코 받아들일 수 없다고 언급하였다. 일본 정부는 국제법상 '국가 면제' 원칙이 적용돼 사건이 각하되어야 한다는 입장을 밝혀 왔다. 가토 관방장관은 판결이 국제법상 국가 면제 원칙을 부정한 것이라고 논평하였다. 1965년 한일 청구권 협정으로 해결됐으며, 일본군위안부 문제는 2015년 12월 한일 외교장관 합의에서 '최종적이며 불가역적인 해결'이 양국 간에 확인되었다고 주장하였다. 아키바 다케오(秋葉剛男) 외무성 사무차관은 남관표 주일본 한국대사를 초치하여 강하게 항의하였다.

한국 외교부는 대변인 논평을 통해, 1)사법부 판단을 존중하며, 위안부 피해자들의 명예와 존엄을 회복하기 위하여 우리 정부가 할 수 있는 노력을 다해 나가겠다, 2)정부는 2015년 12월 한일 정부 간 위안부합의가 양국 정부의 공식 합의라는 점을 상기한다, 3)또한, 동 판결이 외교 관계에 미치는 영향을 면밀히 검토하여 한일 양국 간 건설적이고 미래 지향적인 협력이 계속될 수 있도록 제반 노력을 기울이겠다고 발표하였다.

정의기억연대 등 시민단체들은 1심 판결 확정을 크게 환영하였다. 일본국의 손해배상 책임을 인정하는 기념비적인 판결이 선고됐다며, "이번 판결은 대한민국의 헌법 질서에 부합할 뿐만 아니라 국제 인권법의 인권 존중 원칙을 앞장서 확인한 선구적인 판결"이라고 높이 평가하였다. "국내 법원은 물론이고 전 세계 각국의 법원들이 본받을 수 있는 인권 보호의 새로운 지평이 열렸으며, '인권의 최후 보루'로서 책무를 다한 대한민국 법원의 판결을 진심으로 환영한다"고 발표하였다.

위 세 가지 변수를 통해서 알 수 있듯이, 문재인 정부와 아베-스가 정권 간 불신과 갈등을 초래한 근본적이고 지속적인 변수는 일본군'위안부' 쟁점이었다. 한일 간 상호 인식과 국내 여론, 궁극적인 해결 방법의 차이, 사법부 판결의 대립 구도는 양국 간 불신을 심화시킨 주요 변수였다.

3. 한일 위안부합의에 대한 인식차

1) 한국의 입장

일본군 '위안부' 해법에 대한 한국 정부의 입장은 피해자 중심주의, 국제규범과 보편인권의 원칙으로 수렴되었다. 문재인 대통령은 2020년 8월 14일 위안부기림일을 맞이하여 "문제 해결의 가장 중요한 원칙은 피해자 중심주의"라고 강조하였다. 2021년 3.1절 기념사에서도 문재인 대통령은 피해자 중심주의에 서서 지혜로운 해결책을 모색할 것을 재확인하였다.

앞서 설명했듯이, 2005년 12월 유엔 총회에서 만장일치로 채택된 피해자 권리의 기본원칙은 국가 간 우호를 위해 개인의 희생을 강요해서는 안되며, '피해자 중심적 접근(victim centered approach)'에 입각하여 문제를 해결해야 한다는 것이다.[79] 「보고서」에 따르면, 피해자 중심적 접근은 피해 여성의 존엄과 명예를 회복하고 상처를 치유하는 데 있으며, 구제과정에서 피해자의 참여가 중요하고, 정부는 피해자의 의사와 입장을 수렴하여 외교협상에 임할 책무가 있다고 적고 있다.

일본군'위안부' 해법에서 피해자 중심주의 또는 피해자 중심적 접근은 문재인 정부 내내 이어져 온 기본원칙에 가까운 것이었다. 외교부는 2021년 들어 세 번에 걸쳐서 위안부 지원단체 간 민관협의회를 개최하였다. 여기에서도 이들 원칙은 다시 한번 재확인되고 있다. 외교부는 지원단체와 한일 간 일본군위안부 협상 내용을 공유하기도 하였다. 양자 간 소통의 중요성에 대해 인식을 같이 했으며, 피해자 중심 접근에 따른 해법을 모색하였다.[80]

국내에서 피해자 중심적 접근이 중시된 계기는 이전의 부정적인 유산에 따른 것이었다. 일본 측이 민간기금으로 조성한 '아시아여성기금'이, 피해자의 거부에도 불구하고 위로금 지급을 강행한 것이 그 배경이 되었다. 고령의 피해자가 다수 사망하였고 언젠가 피해자 부재의 상태가 다가오는 현실에서, 피해자 중심적 접근이 공동체 내부의 정치적인 책

---

79) 동북아역사재단(2020/05), 『일본군위안부 문제와 과제 II -피해자 중심 해결』, 동북아역사재단을 참고할 것.
80) 뉴스핌(2021/07/28), "일본군 위안부 피해자 문제 해결방안 모색 2차 민관회의 개최."

무로 진화해야 한다고 주장도 나왔다. 가해자에 대한 사실인정, 사죄 반성, 법적 배상 요구에서 진상규명, 기억계승, 역사교육 등으로 변화되어야 한다는 것이다.[81]

2021년 1월 서울중앙지법 민사소송에서 일본 정부를 상대로 위안부 승소 판결이 나왔다. 한국 정부는 '2015년 한일 위안부합의가 정부 간 공식 합의임을 상기하고' 라는 표현을 사용하면서 피해자 중심적 접근과 외교적 해법 간의 모순에 대해 출구를 찾고자 하였다. 그러나 일본 정부가 보유한 국내 자산을 제출하라는 법원 판결까지 나온 만큼, 사법부 판결과 피해자 입장을 존중한 대일교섭이 필요하게 되었다. 일본군 '위안부' 해법이 더욱 복잡한 방정식이 되어버린 현실이다.

2) 일본의 입장

일본 정부는 1965년 한일청구권협정으로 개인 청구권이 최종적으로 완전히 해결되었고, 1995년 아시아여성기금, 2015년 화해·치유재단을 통해서 다수 피해자들이 일본 정부의 사죄와 위로금을 수용했다고 강조하고 있다. 한편, 일본은 위안부 피해 사실을 왜곡, 축소하는 등 이중성을 보임으로써 한국 내 불신도 여전히 해소되지 않았다. 2016년 12월 말 부산 일본총영사관 앞에 소녀상이 추가로 설치되자 일본 정부는 크게

---

81) 남기정(2021/05), "피해/생존자 없는 시대의 피해자 중심 접근과 일본군위안부 문제.", 『관정 일본리뷰』, 29, pp.1-4.

반발하였고 더욱 강경한 입장을 보였다. 나가미네 야스마사(長嶺安政) 주한일본대사와 모리모토 야스히로(森本康敬) 부산총영사를 일시 소환하였고, 한일 통화스와프(SWAPS) 협상을 중단하였다.

일본 국민의 반한정서도 더욱 강해져서 풀뿌리 민심은 크게 악화되었다. 일본 내 진보적인 시민단체도 혐한 감정에 고립되면서 거의 목소리를 내지 못하였다. 일본 측은 2020년 9월 베를린 시민과 현지 교민들에 의해 설치된 평화의 소녀상에 대해 일본 정부, 일본 국회, 지자체와 지방의회까지 나서서 철거 압력을 가하기도 하였다.

2021년 2월 유엔 인권이사회 회의에서 한국 정부 관계자는 "현재와 미래 세대는 2차 세계대전 위안부 희생자들의 고통에서 교훈을 배워야 한다"고 발언하였다. 이것은 일본을 지칭한 것이 아니고 일반적인 당위 명제를 확인한 것이었다. 그러나, 일본 측은 2015년 합의 위반을 주장하고 나섰다. 게다가 아베 내각은 위안부 강제 연행을 부인하고, 성노예 용어를 사용해서는 안된다고 주장하였다. 2021년 4월 스가 요시히데 내각은 '종군 위안부'를 일본군과의 연계성을 부인하는 '위안부' 용어로 축소하였다.[82]

일본 외무성 홈페이지에 실려 있는 '위안부 문제에 대한 일본의 노력' 내용을 살펴보면 다음과 같다. "일본 정부는 1951년 샌프란시스코 강화조약, 1965년 한일청구권협정, 2015년 한일 위안부합의로 개인 청구권

---

82) 김창록(2021/07/18), 「한일 위안부세미나」 토론문, 한겨레신문.

문제를 포함하여 완전히 법적으로 해결되었으며, 아시아여성기금, 화해·치유재단 등을 통하여 명예 회복과 구제 조치를 적극적으로 추진해왔다"는 점을 강조하고 있다.

일본 정부는 2016년 12월 부산총영사관 앞에 소녀상을 추가 설치한 것, 2018년 11월 화해·치유재단 해산을 두고 크게 반발하였다. 재단 해산 발표는 한일 합의에 따라 도저히 수용할 수 없으며, 일본은 약속한 조치를 시행한 반면, 한국은 합의를 이행하지 않았다고 주장하였다. 일본 정부의 '약속' 의미는 한국이 완전히 위안부 쟁점을 '포기하고 삭제할' 것을 요구하고 있다고 해석될 여지마저 있다(밑줄은 필자가 강조한 내용임). 반면에 '강제 연행 증거가 없다는 것, 성노예는 사실에 반하므로 사용해서는 안되며, 위안부 20만명은 구체적인 뒷받침이 없는 숫자'라고 강변하였다.

3) 합의검증을 둘러싼 인식차

문재인 정부는 출범 이후, 박근혜 정부기 2015년 12월 한일 위안부합의를 검토하는 민간 TF(태스크 포스)를 설치하였다. 그 내용은 일본 정부가 10억 엔을 출연하게 된 경위와 최종적, 불가역적 해결 문구 등에 대해, 합의 당시 관계자의 증언과 기록을 검증하는 것이었다. 수차례에 걸친 한일 정상회담에서, 아베 총리는 "일-한의 현안인 위안부 문제를 적절히 관리해가는 게 중요하다"며 2017년 7월말 외교부 산하에 설치된

'한-일 일본군위안부 피해자 문제 합의 검토 태스크포스'를 견제하였다. 「보고서」가 나온 뒤 문재인 대통령이 위안부합의가 지닌 중대한 흠결을 지적하자, 일본 측은 "양국 현안을 적절히 관리해 가자"는 아베 총리의 거듭된 메시지가 문재인 정부에 의해 간단히 무시됐다고 인식하였다.[83]

그러나 위안부합의 검증 작업이 일본 측의 일방적인 인식처럼, 합의 파기나 재협상을 전제로 하는 것은 아니었다.[84] 아사히신문은 문재인 대통령이 지난 5월 대선 과정에서 "한일 합의의 파기와 재협상"을 선거공약으로 내세웠지만, 정권 발족 후에는 위안부 문제에서 뚜렷한 방침을 나타내고 있지 않다며, 합의 과정을 재검증함으로써 한국 여론을 다독이고 일본 측과 타협점을 찾으려는 의도로 보인다고 분석하고 있다(朝日新聞, 2017/06/19). 일본 정부는 「보고서」의 내용 가운데에는 한국 측 입장이 포함되어 있지 않지만, 이를 토대로 합의 변경은 결코 수용할 수 없다고 주장하였다.[85]

2017년 12월, 위안부합의 2년 만에 나온 검증 「보고서」는 합의의 문제점과 정책 과정의 한계를 지적하는 데 집중하였다. 「보고서」는 합의

---

83) 한겨레신문(2020/07/29), "화해할 수 없는 두 정념의 충돌"
  자세한 내용은 저서로 출판된 길윤형(2021), 『신냉전 한일전』, 생각의 힘 을 참고할 것.
84) 朝日新聞(2017/06/19) 보도를 참고할 것. 그후 일본 외무대신 담화(2017/12/27) 는 「보고서」가 한일 위안부합의에 비판적인 내용임을 지적하면서 한국 측에 합의 이행을 요구하고 있다.
85) 外務省 홈페이지(2017/12/27), 「慰安婦合意檢討タスクフォース」の檢討結 果發表について(外務大臣談話)」.

내용, 합의 구도, 피해자중심 접근, 정책 결정 과정과 체계, 네 가지로 나누어 평가하였다. 일본 정부의 배상책임이 부재한 점에서 위안부 문제가 근본적으로 해결된 것은 아니며, 피해자 단체 설득, 소녀상 이전 노력, 성노예 용어 등에서 비공개 합의가 있었던 점, 최종적 불가역적 해결 용어를 사용하게 된 과정을 지적하고 있다. 「보고서」 결론은 첫째, 피해자 중심적 접근의 부족, 둘째, 박근혜 정부의 위안부 문제 先해결 외교가 전체적인 균형을 상실한 점, 셋째, 비밀협상의 문제점을 지적하였고, 마지막으로 국내 외교정책 결정 과정의 소통 부족을 지적하고 있다.

내용을 살펴보면 알 수 있듯이, 「보고서」의 초점은 피해자 중심의 접근 부족이나 비밀 협상 과정에 나타난 한계를 지적하는 데 맞추어져 있다. 한일 정치적 합의의 문제점, 국내 소통 부족과 정책체계의 모순, 협상 과정에 드러난 한국 측의 문제점을 지적하는 데에 집중하고 있다. 「보고서」에서 일본 정부를 직접 비난한 내용은 없었으며, 「보고서」에 나오는 유일한 일본인 인명은 야치 쇼타로(谷內正太郎) 일본 국가안보국(NSC) 국장이었다.

더구나 결론의 둘째와 셋째 내용은 박근혜 정부의 위안부 선결 외교가 한일관계 전반을 악화시킨 점을 강조하고 있다. 「보고서」는 위안부 등 역사문제가 한일관계뿐만 아니라 대외관계 전반에 부담을 주지 않도록 균형 있는 외교 전략을 마련할 것을 주문하고 있다. 네 번째 지적도 대통령과 협상 책임자, 외교부 사이의 소통이 부족했고, 정책 방향이 환경 변화에 따라 수정 또는 보완되는 시스템이 작동하지 않았다는 것이다. 따라서 정책 결정 과정에서 폭넓은 의견 수렴과 유기적 소통, 관련 부처 간 역할 분담의 필요성을 강조하고 있다. 「보고서」의 주요 내용이 피해자 중심적 접근의 부족, 최종적 불가역적 합의 과정의 문제점을 기술하면서도, 국내 정책 거버넌스의 문제점을 지적하는 데 치중하고 있음을 알 수 있다.

요컨대, 「보고서」의 주요 내용이 한일 간 합의를 파기하거나 일본 정부를 비난하기보다는 박근혜 정부의 대일교섭 과정에 나타난 문제점을 드러내는 데 집중하였다고 볼 수 있다. 아사히신문이 평가한 것처럼, 합의 파기보다는 재검증 작업을 통하여 국내 여론을 다독이고 일본 측과 타협점을 찾으려는 속내도 포함되어 있었다. 2018년 1월 9일 강경화 외교부 장관은 기자회견에서 한일위안부합의를 그대로 존중한다는 점을 분명히 하였다. 이후 한국 정부는 수차례에 걸쳐서 '위안부합의를 존중'하거나, 위안부합의가 한일 '양국 정부 간 공식 합의임을 상기하고' 등의 표현을 일관되게 사용해 왔다.

4) 화해·치유재단을 둘러싼 갈등

2018년 11월 화해·치유재단 해산은 한국이 위안부합의를 실질적으로 파기했다는 '증거'로 일본 측이 가장 빈번히 내세운 주장이었다. 일본 정부와 여론은 물론, 일본 국민까지 화해·치유재단 해산으로 한국 측이 합의를 사실상 파기했다고 인식하였다. 2018년 10월 강제징용 대법원 판결에서 일본 제철이 피해자들에게 각각 1억 원씩 배상하라는 최종 판결이 나오면서 더욱 확산되었다. 일본 측은 과거사 2대 쟁점에서 첫째 화해·치유재단 해산으로 한국 측이 위안부합의를 파기했고, 둘째 강제징용 문제에 있어서 한국 사법부가 1965년 청구권 협정을 파기했다고 주장하였다. 이는 일본 측이 '국제법과 합의를 위반한 한국'으로 규정해 가는 계기가 되었고, 국내에서 일부 공유되기도 하였다.

화해·치유재단 해산은 위안부합의를 검증한 「보고서」 작성이나 '최종적 불가역적 해결'에 대한 한일 간 인식차에 비해 한국 측에 귀책 사유가 있을 가능성이 훨씬 높았다. 2015년 12월 위안부합의 조문을 빌리자면, "한국 정부가 위안부 지원 재단을 설립하고, 일본 정부는 예산을 거출하고, 양국 정부가 협력해서 사업을 실시한다"는 것으로 되어 있다. 화해·치유재단 해산은 일단 합의 발표문에 있는 내용을 직접 위배한 것으로 해석될 여지가 있다.

그러나, 화해·치유재단 해산은 이미 수차례에 걸쳐서 일본 측과 논의를 거듭해 온 내용이었다. 2017년 9월 유엔총회에서 열린 한일 정상회담에서 문재인 대통령은 아베 총리에게 대부분 지원사업이 종료되었고, 따라서 화해·치유재단 해산이 불가피하다는 입장을 전달하였다. 재단 지원금은 생존자 34명(전체 74%에 해당함), 유족 58명(전체 29%에 해당함)이 수령하였고, 지원사업은 사실상 종료된 상태이었다. 재단 이사

11명 가운데 8명이 사표를 제출하였고, 매달 사무실 운영비가 지출되고 있었다.[86] 2018년 9월부터 일본군위안부 피해자 김복동 할머니가 재단 해산을 위한 1인 시위에 나서고 있었다.[87]

한국 측은 그동안 화해·치유재단의 실질적인 사업종료와 이사진 사퇴로 기능부전에 빠진 재단 해산 여부에 대해 일본 측과 외교적 협상을 거듭해 왔다. 한국 측은 화해·치유재단 잔금 약 56억 원 용도에 대해 다양한 방안을 검토해 왔으며, 일본 측에 유엔 전시 성폭력 치유 프로그램에 공동 펀딩을 제안한 것으로 알려졌다.[88] 그러나, 일본 정부는 이를 완강히 거부해 왔으며, 그대로 존속시킬 것을 요구하였다. 2017년 9월 유엔총회 정상에서, 2018년 2월 평창 동계올림픽 한일 정상회담에서, 2018년 9월 유엔총회 한일 정상회담에서 논의되었지만,[89] 양국 입장은 평행선을 달렸고, 결국 입장차를 확인하는데 그쳤다.

---

86) 이에 대한 반론은 심규선(2021), 『위안부 운동, 성역에서 광장으로』, 나남 을 참고할 것. 그는 책 제2장에서 위안부 검증 「보고서」의 문제점에 대해서 조목조목 반박하고 있으며, 화해·치유재단 해산에 대해 구체적인 경위를 설명하면서 정부 조치를 비판하고 있다.

87) 한겨레신문(2018/09/03), "청산 절차만 남은 화해·치유재단..정부 연내 해산 협의 중."

88) 월간중앙(2020/09/17), "한일비전포럼이 제안하는 일본군 위안부 문제 해법."

89) 경향신문(2018/09/26), 2018년 9월 25일 뉴욕 유엔총회에 참석한 한일 정상회담에서 문재인 대통령은 아베 총리에게 "화해·치유재단이 정상적인 기능을 못하고 고사할 수 밖에 없다. 국내에서 해산 요구가 많고 지혜롭게 매듭지을 필요가 있다."고 설명하였다.

4. 위안부 문제 해결의 기준

1) 해결의 기준

　　　　　　　　　　　　　　일본군'위안부' 문제를 해결한
다는 의미, 개념, 기준은 한국과 일본이 서로 다른 점이 있다. 한국은 국
제 규범과 보편 인권을 강조하고 있는데 비하여, 일본은 국제법과 국가
간 합의를 강조하고 있다. 사실 이 대목은 한일 양국의 전문가나 외교
담당자가 만나면 자주 서로에게 제기하는 질문이기도 하다. 과연 어느
수준에서 비로소 한국 또는 일본은 '해결되었다고 볼 수 있는가'이며, 필
자도 수 차례 일본인 외교관으로부터 질문을 받은 적이 있다.

한국 측의 경우, 피해자 중심주의와 국제 규범, 보편 인권의 원칙에

서 있다. 그리고 일본 측의 진정성을 중시하고 있다. 1993년 고노 담화와 1995년 무라야마 담화, 2015년 위안부합의에서 아베 총리 사죄와 반성 표명에도 불구하고, 번번이 발생하는 일본 정치가 망언이나 야스쿠니신사 참배, 우익의 위안부 왜곡, 심지어 일본 정부의 사실 왜곡에 대해 진정성을 믿지 못하고 있다. 반면, 일본 측은 1965년 청구권협정과 2015년 한일 위안부합의로 최종적으로, 완전히, 불가역적으로 종료되었고, 화해·치유재단에서 2/3 이상 피해자가 기금을 수령했는데 왜 또 다시 국제사회에서 문제를 제기하거나 일본대사관 앞 소녀상을 이전하지 않는가, 불만을 토로하였다.

일본군 '위안부' 지원단체인 정의기억연대와 그 전신인 한국정신대문제대책협의회[90]가 주장한 7대 해결 원칙은 위안부 강제 연행의 사실 인정, 공식 사과, 진실 규명, 책임자 처벌, 위령비 건립, 개인 보상, 역사교육 등으로 구성되어 있다. 위안부 피해자와 시민단체는 일본 정부가 법적 책임을 인정할 것을 일관되게 주장해 왔으며, 도의적 책임이 아닌 법적 책임, 일본 정부 예산으로 개인 배상할 것을 요구해 왔다. 1995년 아시아여성기금이나 2015년 한일 위안부합의가 피해자와 시민단체의 동의를 얻지 못한 궁극적인 이유는, 해결 가능성과 관계없이 일본 정부

---

90) 1990년 한국정신대문제대책협의회, 2016년 일본군성노예제 문제해결을 위한 정의기억재단이 각각 설립되었고, 2개 단체가 2018년 7월 통합하면서 정의기억연대로 출범하였다. 정의기억연대 홈페이지 https://womenandwar.net/kr/를 참고할 것.

의 법적 책임 인정과 개인 배상이 포함되지 않았기 때문이었다.

2) 최종적, 불가역적 해석의 차이

2015년 12월 한일 위안부합의에 나온 '최종적, 불가역적 해결'은 가장 논란이 컸던 쟁점이었다. 한일 양국 외교장관 발표문을 살펴보면, 일본 측 내용은 '일본 정부가 상기를 표명함과 동시에, (10억엔) 출연 조치를 전제로'라고 되어 있으며, 한국 측 발표는 '일본 정부가 앞서 표명한 조치를 착실히 실시한다는 것을 전제'로 라고 되어 있다. 약간의 차이는 있지만, 앞서 표명한 조치를 착실히 실시한다는 것을 전제로, 위안부 문제가 '최종적 및 불가역적'으로 해결될 것을 확인하다는 표현은 동일하다. 「보고서」는 최종적이고 불가역적인 해결의 전제가 일본 측 예산 출연으로 충분하다고 왜곡 해석될 여지가 있었지만, 한국 측이 이를 보완하고자 적극적인 외교 노력을 하지 않았다고 비판하고 있다.

여기에서 중요한 점은 '최종적이고 불가역적인 해결'이 과연 일본 정부 예산 10억 엔을 출연하는 것만으로 종료될 수 있는가 하는 점이다. 한일 간 '정의 vs 약속'의 갈등으로 비쳐지기도 하는 쟁점이다. 한일 위안부합의 발표문에 따르면, 일본 정부 예산을 출연하여, 한국 내 피해자를 위한 재단을 설립한다는 내용이 있지만, 향후 한일 양국의 공동 작업과 일정에 대해 어떤 추가 내용도 기재되어 있지 않다. 말하자면, 최종적, 불가역적 해결이 되기 위해서 한일 양국이 실시해야 할 업무 분담과 일정, 상호간 구속 내용 등의 로드맵을 구체적으로 명기한 행동 계획은 없었다(밑줄은 필자가 강조한 내용)고 보아야 한다.

상식적으로 일본 정부가 10억 엔만 내면 사죄와 보상 등, 모든 것이 해결된다는 것은 지나친 '과잉 해석'이기 때문이다. 공개와 비공개 합의에서 반복해서 언급된, 일본대사관 앞 소녀상을 이전하도록 노력하고, 성노예 용어를 자제하고, 국제 쟁점화를 자제하는 것은 의무 사항이 아님을 말해준다. 게다가 중요한 것은 위안부합의 취지로서 적혀 있는 제1항의 내용이다. 제1항은 합의 기본 취지에 해당하는 것으로, 실시 항목에 해당하는 2항과 3항을 구속하는 것으로 보는 것이 타당하다. 제1항 조문을 그대로 인용하면 다음과 같다.

"위안부 문제는 당시 군의 관여하에 다수 여성의 명예와 존엄에 깊은 상처를 입힌 문제로서 일본 정부는 책임을 통감함. 아베 내각총리대신은 일본국 내각총리대신으로서 다시 한번 위안부로서 많은 고통을 겪고 심신에 걸쳐 치유하기 어려운 상처를 입은 모든 분들에게 사죄와 반성의 마음을 표명함" 으로 나와 있다. 제2항은 일본 정부 예산으로 자금을 거출하고, 제3항은 '일본 정부는 상기를 표명함과 함께 상기 2의 조치 실시를 전제로' 최종적, 불가역적으로 해결된다고 되어 있다.

위안부합의 제1항 문구는 아베 신조 내각총리대신이 사죄와 반성의 마음을 표명한 것으로 합의의 기본 전제에 해당한다. 제3항에서도 '상기를 표명함과 함께'라고 반복하고 있다. 제2항은 '일본 정부가 위안부

들의 마음의 상처를 치유하는 조치를 강구함'으로 되어 있다. 제3항에서 일본 정부는 2항의 조치를 착실하게 실시한다는 것을 전제로 최종적, 불가역적으로 해결될 것임을 확인한다고 되어 있다. 위안부합의는 제1항, 제2항, 제3항의 세 개 항으로 되어 있으며, 세 개 모두가 합의 내용을 구성한다는 것은 너무나 당연하다. 그렇다면 제1항에 나온 사죄와 반성, 제2항 일본 정부 예산 출연과 재단 설립, 제3항 최종적, 불가역적 해결은 모두 준수되어야 할 사항이다.

그러나, 일본 정부나 아베 총리의 발언과 행적을 살펴보면, 한일 위안부합의의 결론은 제3항 최종적, 불가역적 해결로 간주하고, 여기에 집착하고 있음을 쉽게 알 수 있다. 한일 위안부합의 직후, 기시다 외상은 일본 기자들을 만난 자리에서 "이번 합의로 최종적이고 불가역적인 해결을 확인했다. 종지부를 찍은 것이다(밑줄은 필자가 강조한 내용임). 역사적이고 획기적인 성과"라고 언급하였다.[91]

여기서 알 수 있듯이 일본 정부는 위안부 문제가 "종지부를 찍었다", 즉, 완전히 종료되었다고 해석하였다. 이 밖에도 "한국 측이 추가 조치를 요구하는 듯한 것에 대해서는 일본 정부로서 전혀 받아들일 수 없는 일이다. 최종적이고 불가역적인 합의를 착실히 실행해 나가는 것이 양국에게 요구되며, 일본은 확실히 실행에 옮겨왔다"는 스가 요시히데 당

---

91) 日本經濟新聞(2015/12/28), "岸田外相、慰安婦問題「終止符打った」日韓合意."

시 관방장관의 기자회견 발언에서도 그 의도를 확인할 수 있다.[92]

아베 총리는 2016년 10월 3일 중의원 예산위원회에서 화해·치유재단이 아베 총리 명의로 사죄 편지를 요청한 데 대해, 편지를 쓸 생각이 있느냐는 야당 의원의 질문에 '털끝만큼도 없다'고 강하게 부인하였다.[93] 사실 아베 총리가 국내 반대를 무릅쓰고 일본 정부의 책임을 인정한 위안부합의를 수용한 까닭은 '최종적, 불가역적 해결' 문구가 들어 있었기 때문이었다. 그는 2015년 8월 14일 나온 전후 70주년 담화에서 "일본에서 전후 태어난 세대가 인구의 8할을 넘고 있다. 이전 전쟁과 아무런 관계가 없는 자녀나 손자, 그리고 후세대 아이들에게 사과를 계속할 숙명을 지게 해서는 안된다"(밑줄은 필자가 강조한 내용임)고 강조하였다.[94]

이에 대해 문재인 대통령은 국제규범과 보편인권 원칙에서 과거사를 직시할 것을 요구하였다. 2017년 8.15 광복절 경축사에서 한일관계의 걸림돌은 과거사 그 자체가 아니라 '역사 문제를 대하는 일본 정부 인식의 부침에 있다'고 보았다. 또한, 역사문제 해결에는 '인류의 보편적 가치와 국민적 합의에 기초한 피해자의 명예 회복과 보상, 진실 규명과 재

---

92) 스가 요시히데 관방장관 정례 기자회견(2018/01/10) 가운데 발언 요지임.

93) 産経新聞(2016/10/03), "安倍晋三首相、慰安婦へのおわびの手紙「毛頭考えていない"
"安倍晋三首相は昨年末の日韓合意を受け元慰安婦支援のためにつくられた「和解·癒やし財団」が安倍首相名義の「おわびの手紙」を要請しているとの報道を踏まえ、手紙を出すかどうか問われ「われわれは毛頭考えていない」(밑줄은 필자가 강조한 부분임)と明言した".

94) 중앙일보(2015/08/14), "아베 전후 70주년 담화서 식민지 지배·침략 명시 안해."

발 방지라는 국제사회의 원칙'이 있으며, 일본 지도자들의 용기 있는 자세가 필요하다고 언급하였다.

2018년 3.1절 기념사에서 문재인 대통령은 가해자인 일본 정부가 '문제가 끝났다'고 말해서는 안된다고 강조하였다. 이것은 당시 기시다 외상의 발언 가운데 '종지부를 찍었다'는 표현에 대한 반론이기도 하였다. 그리고 '전시 반인륜적 인권범죄 행위는 끝났다는 말로 덮어지지 않으며, 불행한 역사일수록 역사로부터 배우는 것이 진정한 해결'이라고 강조하였다. 일본은 '인류 보편의 양심으로 역사의 진실과 정의를 마주할' 것을 기대하였다.

3) 합의의 문제점

그렇다면 각각 다른 해결의 기준 차이는 어떻게 발생한 것일까. 한일 간 정치 문화적 차이, 일본군'위안부'에 대한 인식, 합의 문구의 해석 등에서 오는 것으로 볼 수 있다. 2015년 12월 한일 위안부합의는 12차례에 걸친 양국 외교부 국장급 협의에도 불구하고, 대부분 고위급 협상에서 결정된 것이었다. 「보고서」에 자세하게 나와 있듯이, 당시 이병기 청와대 비서실장과 야치 쇼타로(谷內正太郎) 국가안보국장간 양자 비밀교섭에 가까운 것이었고, 심지어 비공개된 이면 합의까지 포함되어 있었다. 그러나, 고위급 비밀 협상은 한일 합의에 대한 구체적인 실행 방법과 일정을 포함한 것이 아니었다.

1998년 10월 김대중 대통령과 오부치 게이조(小渕惠三) 총리 간 한일 파트너십 공동선언은 무려 30페이지가 넘는 분량으로 작성되었고, 8개월 이상 실무자간 협상을 통해 만들어졌다. 이에 비해서 한일 위안부합의 발표문은 문서도 없이 각각 3개 항목을 구두 낭독한 것으로 끝났다. 사실 25년 가까이 끌어온 과거사 쟁점을 구체적인 내용도 없이 간단한 발표로 해결한다는 것 자체가 무리한 발상이었다. 다시 말해서 애당초 합의의 결함을 내포하고 있었다. 일본 외무성은 구체적인 설명을 추가하지 않은 반면, 한국 외교부는 위안부합의 이후 보충 설명서를 추가로 제시하였다.

외교부에서 나온 약 10페이지 분량의 「일본군위안부 문제 합의관련 FAQ(문답집)」(이하 「문답집」으로 약칭함)에 실린 내용을 보면 다음과 같다. 「문답집」은 한일 위안부합의가 외교적인 성과임을 강조하고 있다. 일본 정부의 책임 인정과 아베 총리가 내각총리대신 자격으로 사죄한 점, 일본 정부 예산 출연으로 재단 설립 등을 들고 있다. 1995년 7월 아시아여성기금이나 2012년 3월 사사에 안[95]과 비교해도 큰 성과를 거두었다고 강조하고 있다. 피해자와 지원단체의 의견을 수렴하였고, 이번 합의에 충분히 반영했다는 점도 빠트리지 않고 있다.

---

95) 2012년 3월 사사에 겐이치로(佐佐江賢一郎) 당시 외무성 사무차관이 방한 때 제시한 것으로 알려진 해결 방안이다. ▲일본 총리의 직접 사과 ▲주한일본대사가 피해자들을 만나서 의견을 청취하고 사과 ▲일본 정부 예산을 통한 피해자 보상 등의 내용이 포함된 것으로 알려졌다.

물론 「문답집」은 한국 국내용으로 작성한 것이며, 한일 양국이 동의해서 쌍방을 구속하는 것은 아니다. 굳이 말하자면 어디까지나 국내용으로 위안부합의 이후, 한국 정부의 자체 인식과 행동 기준에 가깝다고 볼 수 있다. 그런데 문제는 그 후 일본 측과 상호 의견 차가 두드러지면서 충돌하게 된 것이 있다. 국제사회에서 위안부 쟁점 제기, 최종적 불가역적 해결의 의미가 바로 그것이다. 「문답집」에 따르면, 이번 합의로 타결된 것은 양국 정부 간 외교 현안으로서 위안부 문제이다.

첫째, 「문답집」 1페이지에 '정부가 전시 성폭력에 관한 국제사회 논의에 적극 참여한다(밑줄은 필자가 강조한 부분)'고 되어 있다. 관련 기록물 보존과 연구 교육 등을 계속 추진해 나간다는 것이다. 9페이지에는 일본 측의 군의 관여와 사죄 반성을 전제로, 정부 차원에 국한하여 국제무대에서 쟁점 제기를 자제한다(밑줄은 필자가 강조한 부분)고 되어 있다. 여기에 따를 경우, 아베-스가 내각이 고노담화를 계승하지만 강제연행을 부인하거나, 종군이 빠진 '위안부' 용어를 각의 결정 하는 것은 모순이 아닐 수 없다. 더구나 해외에서 위안부 피해 사실이나 소녀상 지우기는 한국 측이 합의 위반으로 일본 정부에 항의할 수 있다.

둘째로 10페이지에 나온 최종적, 불가역적 해결이라는 의미에 대한 질문과 답변이다. 여기에는 합의 취지를 중시한 한국 정부의 기본적인 입장이 잘 반영되어 있다. 1)군의 관여와 일본 정부 책임 표명+ 2)아베 총리의 사죄와 반성+ 3)일본 정부 예산으로 재단 출연=3개 조건을 합친 것이 합의 내용이자 기본 정신이라고 규정하고 있다. 이것이 성실히 지켜진다는 전제하에 최종적, 불가역적으로 해결될 것으로 확인하고 있다(밑줄은 필자가 강조한 부분임). 추가로 적힌 내용은 불가역적이라는 표현이 '일본이 합의를 번복하거나 역행하는 언행을 해서는 안된다는 의미를 내포하고 있다'는 것이다. 국내 관련 연구나 역사 교육 노력은 최종적, 불가역적 해결과 무관하며, 앞으로 지속해 가겠다고 덧붙이고 있다.

만일 한일 양국이 부속 조항으로서 이 부분을 공유했다면 그 후 사정은 달라질 수 있었을 것이다. 굳이 따지자면, 한일 위안부합의 당시 아베 총리도 박근혜 대통령과 전화회담에서 최종적, 불가역적 해결을 강조하면서도, "양국 정상이 책임지고 합의를 이행하고, 또한, 다양한 문제에 합의 정신에 따라 행동할 것을 확인"(밑줄은 필자가 강조한 부분)하고 있다.[96] 일본 정부 책임, 아베 총리 사죄 반성, 일본 정부 예산 출연이라는 3개 항목을 하나의 패키지로 한일 쌍방이 공동 확인했더라면, 이후 위안부 쟁점을 둘러싼 갈등 양상이 달라졌을 것이다.

그럴 경우, 2015년 합의가 균형잡힌 합의로서 한국 내 수용도는 높았을 것이며, 2016년 1월 일본 국내에서 '10억 엔으로 위안부 쟁점은 끝났

---

96) 外務省 홈페이지에 나온 한일 정상 전화회담(2015/12/28) 제3항 문구를 보면 다음과 같다. (3)両首脳は，今回の合意を両首脳が責任をもって実施すること，また，今後，様々な問題に，この合意の精神に基づき対応することを確認した。

다'는 인식이나, 2016년 4월 하기우다 관방부장관의 '10억 엔과 소녀상 이전이 패키지'라는 발언,[97] 2016년 10월 아베총리가 '피해자에게 위로 편지를 쓸 생각이 털끝만큼도 없다'는 발언 등에 대해 강력히 항의할 수 있는 증거자료로 활용되었을 것이다.

문제는 일본 측의 인식이 1), 2)는 언급한 자체가 중요하나 더 이상 구속력을 갖지 않거나, 사죄 반성을 표명할 필요가 없다, 3)일본 정부 예산으로 재단에 출연하면, '최종적 불가역적 해결로 간주한다'고 왜곡 인식하였다는 점이다. 말하자면, <u>일본 정부 책임, 아베총리 사죄 반성이 합의의 내용이자 기본 정신이며, 이것이 성실히 지켜진다는 전제하에 최종적, 불가역적으로 해결된다는 부분은, 일본 측과 전혀 공유되지 못했다</u>(밑줄은 필자가 강조한 부분임). 따라서 문재인-아베 정권 간 갈등의 단초인 일본군위안부 쟁점은 결국 2015년 12월 한일 위안부합의의 한계와 결함이 유발한 결과물이라고 해도 과언이 아니다.

---

97) 경향신문(2016/04/26), 일본 관방부장관 "한일 위안부합의에 소녀상 철거 포함."

5. 사법부 판결과 상이한 대응

1) 사법부 판결과 국가면제 조항

한일 간 일본군 '위안부' 문제는 2018년 10월 강제징용과 대법원 판결 이후 다양한 쟁점이 부각되면서 소강상태로 접어들게 된다. 2018년 10월 강제징용 대법원 판결은 한일 간 최대 갈등 요인으로 부상하였다. 같은 10월 일본 해상자위대 욱일기 게양 문제로 제주관함식에 불참, 2018년 11월 화해·치유재단 해산과 한일 간 공방, 2018년 12월 자위대 초계기 조사(照射) 논란으로 갈등이 확산하면서 여러 가지 쟁점이 불거졌다. 2019년 7월 일본의 수출규제, 8월 한국의 지소미아 파기 대응 과정에서, 아베 정권에 반발하는 국내 여론과 '노 저팬(No Japan)' 운동이 이어졌고, 일본군'위안부' 쟁점은 핵심 논란에서 빗겨나 있었다.

그러나, 2020년 10월 독일 베를린시 미테구 소녀상 설치를 둘러싼 갈등, 2020년 12월 하버드대학 램지어 교수의 왜곡 논문으로 일본군위안부 쟁점은 다시 한번 뉴스의 초점으로 떠올랐다. 특히 2021년 1월 서울 중앙지법 민사소송에서 일본 정부를 상대로 한 손배소에서 위안부 피해자와 유족이 승소하면서 사법적 논란이 확산하게 되었다. 서울 중앙지법은 일본 정부가 주장한 국가면제를 인정하지 않고 피해자와 유족에게 각각 1억원씩 총 13억원을 지급하라는 원고 승소 판결을 내렸다.[98] 이것은 일본군'위안부' 피해자에 대한 일본 정부의 배상 책임을 처음으로 인정한 법적 판결이었다.

주요 판결 요지를 살펴보면, 위안부 강제동원은 "일본제국에 의하여 계획적, 조직적으로 광범위하게 자행된 반인도적 범죄행위이며, 국제강행규범을 위반한 것으로 국가면제를 적용할 수 없다... 국제관습법과 일본제국의 국내법, 전후 전쟁범죄에 관한 국제형사재판소의 헌장 등을 종합한 결과, 당시 일본제국의 한반도와 한국인에 대한 불법적인 식민지배 및 침략전쟁의 수행과 직결된 반인도적인 불법행위에 해당한다"는 것이다.[99]

---

98) 서울중앙지법(2021/01/08) 선고 2016가합505092 확정 판결.
99) 일본군위안부 사건에 대한 국가(주권) 면제의 부당성을 비판한 山本晴太(2019/

그리고, 일본군'위안부' 피해자의 일본국에 대한 손해배상청구권은 1965년 '대한민국과 일본국 간의 재산 및 청구권에 관한 문제의 해결과 경제협력에 관한 협정' 및 '2015년 일본군위안부 피해자 문제 관련 합의'의 적용 대상에 포함되지 않으므로, 위 협정 등에 의하여 피해자의 손해배상청구권이 소멸한 것으로 볼 수 없다면서 원고 승소 판결을 내렸다. 피고 일본 정부는 원고들에게 각각 1억 원씩 지급하고, 소송 비용은 피고가 부담한다고 되어 있다.

한국 외교부는 법원 판단을 존중하고 피해자 명예와 존엄을 회복하고자 노력하겠다, 한일 위안부합의가 양국 정부 공식 합의임을 상기하고 미래지향적인 협력을 지속하겠다고 밝혔다. 그러나 이에 대해 일본 정부는 반발하였다. 일본 정부는 판결 직후, 주일 한국대사를 불러 강하게 항의하였다. 가토 가쓰노부(加藤勝信) 관방장관은 기자회견에서 국제법상 국가 면제 원칙을 부정한 것이라고 논평하면서 결코 받아들일 수 없다고 유감을 표시하였다. 개인 청구권 문제는 1965년 한일 청구권 협정으로 해결됐으며, 일본군위안부 문제는 2015년 한일 합의로 최종적이며 불가역적으로 해결되었다고 주장하였다. 교도통신에 따르면, 판결의 충격은 강제징용 소송보다 강한 것으로 양국 관계가 한층 험악해질 전망이라는 지적도 나왔다.[100]

---

05), "「慰安婦」訴訟における主権免除." 논문을 참고할 것.
100) 서울신문(2021/01/08), "위안부 승소판결에 외교부 법원 판단 존중, 일본은 거

2) 사법부 판결과 한일 인식

일본군 '위안부' 쟁점과 판결에 대한 일본 정부의 대응은 공식 홈페이지에서 찾아볼 수 있다. 2018년 "위안부 문제에 있어서 일본의 대응(慰安婦問題についての我が国の取組)"[101], 2021년 1월 8일 보도자료 "위안부 등에 의한 한국 국내 소송에 관한 일본 정부의 입장을 한국에 전달(元慰安婦等による韓国国内の訴訟に係る我が国の立場の韓国政府への伝達)"[102], 2021년 1월 23일 외무대신 담화로 나온 "위안부 등에 의한 대한민국 서울중앙지법 소송 판결 확정에 대하여(元慰安婦等による大韓民国ソウル中央地方裁判所における訴訟に係る判決確定について)"[103] 등이 바로 그것이다. 일본 정부는 서울중앙지법 민사소송 판결이 나온 뒤 외무대신 담화를 발표하고, 국가면제의 원칙을 부정하는 판결로 국제법 위반이라고 주장하였다.

일본 외무성 논평은 '국제법과 한일 합의에 위반하는 매우 유감스럽고 결코 받아들일 수 없다'는 것이었다. 한국 정부가 '국제법 위반상태를 시정하기 위해서 적절한 조치를 취할 것'을 강하게 요구하였다.[104] 이에 대

센 반발."

101) 外務省 홈페이지, "慰安婦問題についての我が国の取組."

102) 外務省 홈페이지, "元慰安婦等による韓国国内の訴訟に係る我が国の立場の韓国政府への伝達."

103) 外務省 홈페이지(2021/01/08), "元慰安婦等による大韓民国ソウル中央地方裁判所における訴訟に係る判決確定について(外務大臣談話)."

104) 위의 外務省 홈페이지내 일본 외무대신 담화문(2021/01/08), 「元慰安婦等に

해 한국 외교부는 2015년 한일 위안부합의가 공식 합의임을 상기하며, 문재인 대통령도 2021년 1월 18일 기자회견에서 강제집행으로 국내 일본 정부 자산을 현금화하는 것은 바람직하지 않다고 언급하였다.

일본 정부는 사법부 판결 등을 포함하여 정권이 바뀌어도 한일 간 합의는 준수되어야 한다고 강조하고 있다. 일본 측은 1965년 청구권 협정과 2015년 한일 위안부합의를 증거로 제시하면서, 국제법 위반 상태를 한국 측이 먼저 시정할 것을 일관되게 요구해오고 있다. '국제법 위반한 한국'과 '위반한 한국에 시정 책임이 있다'는 원칙은 아베-스가 정권에서 견고한 철칙이 되어 왔다. 일본 언론도 한국 정부가 국제법 위반에 대해 사법부에 의견을 제시할 것을 주장하였다.[105]

일본 측은 사법부 판결 등을 포함하여 한국 측이 항상 약속을 위반하고 있다고 주장하였다. 모테기 도시미쓰(茂木敏充) 외상은 2021년 6월 참의원 답변에서 위안부 문제의 최종적이고 불가역적인 해결에도 불구하고, 한국이 항상 골대를 움직이면서 번복되었다고 주장하였다. 한국 정부는 일본이야말로 2015년 위안부합의와 1993년 고노담화 등에서 스

よる大韓民国ソウル中央地方裁判所における訴訟に係る判決確定について」 원문 내용은 이하와 같다. "国際法及び日韓両国間の合意に明らかに反するものであり、極めて遺憾であり、断じて受け入れることはできません。日本としては、韓国に対し、国家として自らの責任で直ちに国際法違反の状態を是正するために適切な措置を講ずることを改めて強く求めます。".

105) 毎日新聞(2021/02/12), "論点 韓国の元慰安婦訴訟."

스로 표명했던 책임 통감과 사죄 반성의 정신에 역행하고 있다고 반박하였다.[106]

3) 국제사법재판소 제소 주장과 논란

국내에서 나온 일본군 '위안부' 판결은 몇 차례 굴곡을 겪게 되는데, 하나는 유사한 사건의 소송에서 3개월 만에 실질적인 패소 판결이 나온 것이다. 서울중앙지법 민사15부는 2021년 4월 이용수 할머니 등 일본군위안부 피해자와 가족 20명이 일본국을 상대로 낸 손해배상 청구 소송에서 원구들의 청구를 모두 각하하였다. 재판부는 제2차 세계대전 후 독일을 상대로 유럽 각국의 피해자들이 소송을 냈으나 국가면제를 이유로 각하된 사례 등을 언급하면서, "국가면제 예외를 인정하면 선고와 강제집행 과정에서 외교적 충돌이 불가피하다"며 일본국을 당사자로 재판할 권리가 없다는 판결을 내렸다.[107]

판결은 국제 관습법과 대법원 판례에 따라 일본 정부를 상대로 손해배상을 청구할 수 없다는 점을 분명히 하였다. 그리고 위안부 피해자 문제 해결은 외교적 교섭으로 풀어가야 한다고 결론을 내렸다. 이에 대하

---

106) 연합뉴스(2021/06/01), "외교부. 골대 움직인 건 일본…모테기 위안부 발언 반박." 2016년 1월 18일 기시다 외상은 국회답변에서 일본군의 강제연행을 직접 보여준 기록은 없다고 강변하였다. 스가 내각은 고노담화 계승을 확인하면서도, 2021년 4월 27일 각의결정을 통해 "종군위안부 용어가 군에 의해 강제 연행되었다는 잘못된 인식과 연관된 바, '위안부'라는 용어를 사용한다"고 결정하였다.

107) 국민일보(2021/04/21), "이용수 할머니, 패소에 눈물…국제사법재판소 가겠다."

여 이용수 피해자와 지원단체는 일본군 '위안부' 판결을 국제사법재판소에 제기할 것을 한일 양국 정상에 호소하였다. 피해자들이 대부분 사망하고 한일 양국 정부가 실질적인 해결이 불가능한 현실에서, 최종적인 판단은 국제기구인 국제사법재판소에 맡겨야 한다는 것이다.

이들의 주장에 따르면, 일본군 '위안부' 제도의 국제 범죄에 대한 사실 인정은 유엔, 미국 등 국제사회에서 상식으로 통하고, 재판 과정은 물론 승소할 경우 일본의 전시 성범죄를 국제적으로 확인하는 절차가 될 수 있다는 것이다. 피해자 인권구제의 핵심으로 국제법 위반에는 금전배상뿐만 아니라 위반 인정과 공식 사죄, 책임자 처벌, 재발 방지 등의 의무가 따르고, 일본군위안부에 대한 역사교육과 왜곡 반박 의무도 요구할 수 있다고 주장하였다.[108]

한국 외교부는 신중히 검토하겠다고 응답한 데 비하여, 일본 정부는 별다른 반응을 보이지 않았다. 따라서 양국 정부가 응하지 않는 국제사법재판소 회부는 사실상 전망이 보이지 않고 있다. 일본 정부는 2021년 1월 서울중앙지법 일본군위안부 판결 패소후 국제사법재판소 제소를

---

108) 한겨레신문(2021/03/08), "신희석, 일본 위안부 책임, 국제사법재판소 회부해야."
   이에 대해 한일 양국 정부의 공동 회부가 현실적으로 가능성이 낮은 점, 승소 판결이 나와도 강제집행이 어려운 점, 이미 쿠마라스와미 보고서(1996), 게이 맥두걸 보고서(1998) 등 일본군 '위안부' 관련 일본 책임을 확인한 유엔 산하 국제기구 보고서가 나온 점을 들어, 국제사법재판소 회부에 반대하는 한국내 여론도 있었다.

검토하였지만,[109] 그 후 별다른 반응을 보이지 않았다. 같은 해 4월 국내 사법부 판결이 국가면제 인정으로 번복된 것에 대해, 일본 외무성 관계자는 "내용을 검토할 필요가 있지만 당연한 결론"이라는 반응을 보였다. 같은 사안에 대해, 2023년 11월 서울고등법원은 1심 판결을 파기하고 반인도적인 전쟁범죄에 대해 국가면제를 인정할 수 없다는 원고 주장을 인정하여 일본 정부가 피해자에게 각각 배상하라는 명령을 내렸다.

---

109) 朝日新聞(2021/01/09), "日本政府、国際司法裁判所へ提訴検討."

6. 요약과 결론

　　　　　　　　　　　　　　여기서는 특히 문재인정부 이
후 '뉴노멀(new normal)로서 한일 역사갈등' 의 원점을 제공한 일본군
'위안부' 쟁점을 둘러싸고, 한일 양국 정부 간 대립과 갈등 구도의 심화
과정을 중심으로 분석하였다. 일본군'위안부' 쟁점을 둘러싸고 한일 갈
등이 1)인식의 차이, 2)해법의 기준, 3)사법부 판결에 대한 3개 차원의
대립에서 빚어졌다는 것을 전제로 두고 있다. 말하자면 인식, 해법, 판
결의 인식과 대응에 있어서 한일 상호간 충돌이 격화되었고, 역사 갈등
의 대립구도가 심화되었다는 점을 한일 양국 내 구체적인 자료와 증거
를 통해서 입증하였다.

특히 2015년 한일 위안부합의 이후, 위안부 쟁점의 주요 주체가 일본 정부 vs 국내 피해자와 시민단체의 구도에서 한국 정부 vs 일본 정부 구도로 바뀌었다는 점에 주목하면서 양국 정부의 인식과 대응의 변화를 살펴보았다. 문재인 정부 vs 아베-스가 정부 간에 일본군'위안부' 쟁점이 극대화되고 상호 불신의 구도가 정착된 과정을, 인식, 해법, 판결이라는 3개 변수를 설정하고, 정치적 과정과 인과관계를 밝혀내는 데 초점을 맞추어 설명하였다.

문재인 정부와 아베-스가 정권간 상호 불신의 근본은 2015년 한일위안부합의를 둘러싼 인식차에 내재되어 있었다. 2017년 문재인 정부 출범 후 한일 양국은 북한핵과 미사일 위기에 대한 위기감을 바탕으로 상호갈등을 봉합해 왔지만, 2018년 들어 과거사 쟁점이 돌출하면서 잠복되어 있던 양국 간 인식의 차이나 주장의 대치가 갈등구도로 굳어지는 과정을 거쳤다. 2017년 12월 검증「보고서」발표, 2018년 10월 강제징용 대법원 판결, 11월 화해·치유재단 해산을 둘러싼 한일 양국 정부 간 갈등은 위안부합의에 대한 인식, 과거사 쟁점 해결의 기준, 사법부 판결과 대응에서 비롯된 것이었다.

한일 간 역사 인식의 격차는 위안부합의 해석과 이행을 둘러싼 갈등을 야기했으며, 그후 한일 간 대북정책과 동북아 전략의 상호 대립, 강제징용 대법원 판결에 대한 해석차로 더욱 확대되었다. 2015년 위안부합의 한일 간 인식차가 그후 양국 간 구조적인 갈등을 촉발하였으며, 더

욱 악화되었다고 해도 과언이 아니다. 2015년 위안부합의에 대한 평가
는 다양하지만, 현재의 한일관계를 설명하는데 중대하고도 어두운 그림
자를 드리우고 있는 점을 부인할 수 없다.

과연 당시 보수적인 일본내 분위기와 우파적인 아베 정권하에서 그
이상의 합의가 가능했겠는가 하는 지적도 많지만, 연구자로서 아쉬운
부분과 그것이 한일관계에 미친 부작용을 지적하지 않을 수 없다. 한일
위안부합의가 한일 양국 간 인식의 격차를 낳으면서 상호 갈등이 더욱
증폭되고, 해법의 기준이 너무나 달라서 도저히 양자간 차이를 메꿀 수
없고, 사법부 판결로 해법을 찾기 어렵다면, 과연 2015년 12월 한일 위
안부합의 자체가 꼭 필요했는가에 대한 의문을 제기하면서 한계를 지적
할 수밖에 없다.

따라서, 일본군'위안부' 쟁점을 둘러싸고 한일 양국의 인식, 해법, 판
결을 둘러싼 논란을 살펴보면서 성과와 한계를 지적하는 것은 불가피하
다. 한일 간 외교협상에서 각 항목별 내용을 구체적으로 검토하고 쌍방
간 합의점을 찾는 것은 가장 기본적인 협상 매뉴얼에 해당한다. 협상 당
시 상호 합의에 대한 구체적인 논의를 통해 방법과 내용을 확인할 수 있
었다면, 그 후 발생한 갈등은 줄여나갈 수 있었을 것이다. 해결 기준을
두고 엇갈린 주장을 할 수 있지만, 진정한 해결을 위해서 피해자의 참여
가 불가결한 점은 당연하다. 주요 내용을 간단히 요약해 본다.

첫째, 2015년 한일 위안부합의에서 아베 총리가 내각총리대신으로서

피해자에 사죄·반성한다는 기본 취지, 일본 정부의 예산 거출과 국내 피해자 지원재단 설립, 최종적 불가역적 해결, 국제사회에서 쟁점화 자제와 소녀상 이전에 노력한다는 내용이 하나의 패키지이며, 그것이 공통적으로 한일 양국을 구속한다는 '합의'가 전제가 되어야 했다는 점은 매우 중요하다. 그런데 한일 각각이 전체 항목 가운데 일부 조항을 합의의 전부로 간주할 경우, 상호 간 인식차와 갈등은 불가피하다.

일본 정부가 단지 예산 10억 엔만 거출하면 최종적, 불가역적으로 해결되고, 위안부 쟁점에 종지부를 찍는 것은 「문답집」에서 알 수 있듯이, 당시 한국 측 협상 당사자가 동의한 내용은 아니었다. 더구나 25년 가까이 운동을 전개해 온 피해자와 지원단체의 입장을 생각하면 구두 사죄와 일본 정부 예산 10억 엔은 결코 완전한 충족 조건이 될 수 없었다. 한국 외교부가 작성한 「문답집」에 나온 대로, '위안부합의 3개 항목이 하나의 패키지'이며, '정부 간 합의로 시민단체 활동을 구속하지 않는다', '최종적 불가역적 해결은 과거사를 왜곡하지 않는다는 점에서 일본 측에도 마찬가지로 적용된다'는 등의 내용을 한일 양국이 '공동 문답집'으로 냈다면 그후 양상은 크게 달라졌을 것이다.

외교부에서 자주 말해지는 한일관계의 교훈 가운데 하나가 일본과 쉽게 합의해서는 안된다는 격언 아닌 격언이다. 과거사 쟁점으로 민감한 한일관계에서 잘못되고 안이한 합의가 양국 간 협력은커녕 갈등을 부추기는 결과로 이어지기 때문이다. 문재인-아베·스가 정권 간 악화된 한일

관계를 생각하면, 2015년 12월 한일 위안부합의가 던진 함의를 여러 가지 각도에서 살펴보지 않을 수 없다.

둘째, 해결 내지 해법의 기준이다. 한국 측은 국제규범과 보편적인 인권의 관점에서 위안부 문제를 바라보고 있으며, 피해자 중심적 접근을 강조하였다. 전시 성폭력이라는 비인도적인 국제법 위반에 대해 사죄와 보상이 있어야 한다는 것이다. 이러한 기준은 박근혜 정부나 문재인 정부와 별반 다르지 않다. 박근혜 정부의 대일 기조는 2014년 10월 한일 의원연맹 대표단 접견 시, 당시 박근혜 대통령이 언급한 '위안부 문제가 한일관계 새 출발의 첫 단추'라는 말로 요약되었다. 한일 간 위안부 문제 '선 해결'을 주장한 것이다. 이후 박근혜 정부는 일관되게 피해자가 납득할 만한 조치를 지속적으로 요구해 왔다.

문재인 정부도 일관되게 피해자 중심주의 원칙에 서 있었다. 2015년 한일 위안부합의는 '피해자의 동의없이 추진되어 결함이 있다, 위안부합의만으로 완전히 해결될 수 없다, 국제사회의 보편 원칙에 위배되는 정치적 합의'라는 입장이었다. 한국 정부가 국제사회에서 전시 성폭력을 제기한 것을 두고, 일본 측이 2015년 위안부합의 위반으로 억지 주장을 내놓은 데 대해, 한국 외교부는 일본이야말로 합의를 위반한 것이라고 비난하였다.

일본군'위안부' 쟁점에 대해 일본 측은 조약과 약속의 관점에서 해결되었다고 주장한다. 1965년 한일청구권협정에 따라 개인 청구권은 소멸되었고, 1995년 아시아여성기금, 2015년 한일 위안부합의로 최종적으로 완전히, 그리고 불가역적으로 끝났다고 강조하고 있다. 여기에는 위안부 연행의 강제성을 완전히 인정하지 않는 일본 정부의 기본 입장이 깔려 있다. 강제연행을 입증할 문서가 없다거나, 위안부가 결코 성노예가 아니었다는 사실, 20만명 위안부 설은 허구라는 주장이 이를 말해 준다.

자발적이거나 비자발적인 다양한 유형의 위안부가 존재하였고, 위안부 피해의 현실과 주장이 지나치게 과장되어 있다는 것이다. 또한, 일본 정부는 본인의 의사에 반해서 끌려간 위안부에 대하여 수차례 사죄했고 위로금을 지급해 온 일련의 노력을 강조하고 있다. 국제법과 조약면에서 보자면 개인 청구권은 해결되었고, 정부와 민간 예산으로 위로금을 지급하였고, 수차례에 걸쳐서 사죄를 표명하였기 때문에 위안부 문제는 더 이상 쟁점으로 존재하지 않는다고 보고 있다.

국제정치사에서 갈등하는 국가 간 최대 쟁점이 원만하게 마무리되는 경우는 찾아보기 어렵다. 동북아 지역에 한정해서 살펴보아도 그런 사례는 다반사이다. 한일 간 영토와 역사 문제, 중일 간 침략전쟁에 대한 인식과 센카쿠열도 문제, 미중 간 타이완 문제도 그런 전형적인 사례이다. 윤석열 정부의 강제징용 해법에도 불구하고, 피해자들이 반발하면서 불씨가 여전한 것도 사실이다. 결국 양자 간 차이를 서로 인식하면서 1993년 고노 담화, 1995년 무라야마 담화, 1998년 한일 파트너십 공동선언 등, 양국 정부와 국민이 쌓아 올린 긍정적인 성과를 활용해가야 한다.

셋째, 사법부 판결이 양국 갈등에 미치는 영향을 어떻게 관리해 갈 것인가의 문제이다. 2021년 1월 서울중앙지법 판결은 '피고인 일본 정부가 원고 피해자들에게 각각 1억원씩 지급하고 소송 비용은 일본 정부가 부담한다'로 되어 있다. 국내 일본 정부가 보유한 자산 리스트를 제시하라는 선고도 나와 있다.[110] 이에 대해 외교부가 '2015년 한일 위안부합의가 정부가 공식 합의임을 확인하고'라는 발표문을 내놓았고, 이어서 '현금화는 바람직하지 않다'는 문재인 대통령의 기자회견 발언도 있었다. 사법부 판결에도 불구하고, 외국정부 자산을 압류하고 현금화하는 강제집행은 비엔나조약 27조 위반으로 이를 집행하기 사실상 불가능하다는 지적도 있다.

일본군'위안부' 쟁점이 최근 두드러지지 않고 있지만, 국내 사법부 2021년 1월 승소 판결이 있는 이상, 사법부 결정을 외교적인 해법으로 풀어가야 할 것이다. 결국, 한국 측은 국내 사법부 판결을 전제로 외교적인 해법을 강구해 가야 하며, 이를 위해 외교당국과 국내 피해자, 지원단체간 대화와 소통을 지속해 나가야 한다. 일본 측은 지금까지 표명해 온 사죄와 반성의 취지를 살려서 문제를 해결하겠다는 자세가 필요

---

110) 2021년 6월 15일 서울중앙지법(민사51 단독)은 이옥선 할머니 등 위안부 피해자 12명이 일본을 상대로 낸 재산명시 신청사건(2021카명391)에서 피고인 일본 정부의 국내 재산목록을 제출하라는 결정을 내렸다.

하다. 일본 측의 사죄 반성과 한국 측의 피해자 구제라는 원칙에 양국이
공감대를 형성해가고, 외교적 해법을 찾아가는 것이 바람직하다.

참고문헌

기미야 다다시(2020/10/17), "한일관계의 당면현안-한국 대법원 판결을 둘러싼 한일관계와 그 배경.", 사단법인 한일미래포럼 주최, 『2020년 한일 언론인과 전문가 공동 웨비나 자료집』, pp.15-19.

남기정(2021/05), "피해/생존자 없는 시대의 피해자 중심 접근과 일본군위안부 문제.", 『관정 일본리뷰』, 29, 서울대학교 일본연구소, pp.1-4.

남상구(2017), "일본 정부의 일본군위안부에 대한 역사인식과 정책변화.", 『한일관계사연구』, 58, 한일관계사학회, pp.405-443.

백시진(2021), "일본군'위안부' 문제의 탈진실 정치-아베 정권을 중심으로.", 『동북아역사논총』, 71, 동북아역사재단, pp.307-352.

손열(2018/06), "위안부합의의 국제정치 : 정체성-안보-경제 넥서스와 박근혜 정부의 대일외교.", 『국제정치논총』, 58(2), 한국국제정치학회, pp.144-177.

손제용(2017), "일본이 문재인정부 출범을 바라보는 관점.", 『일본공간』, 21, 국민대일본학연구소, pp.224-231.

신욱희(2019/08), "일본군위안부 피해자 문제 합의와 한일 관계의 양면 안보 딜레마.", 『아시아리뷰』, 9(1), 서울대학교 아시아연구소, pp.151-177.

신정화(2019/12), "문재인 정권과 아베 신조 정권의 새로운 나라 만들기: 불신과 갈등의 확산.", 『일본연구논총』 50, 현대일본학회, pp.115-142.

양기호(2015/12), "한일갈등에서 국제쟁점으로: 위안부문제 확산과정의 분석과 함의.", 『일본연구논총』, 42, 현대일본학회, pp.5-30.

양기호(2019/05), "문재인정부 한일 갈등의 기원-한일 간 한반도 비핵화와 동북아외교 격차를 중심으로-.", 『일본학보』, 119, pp.231-250.

양현아(2016/03), "2015년 한일 외교장관의 위안부 문제 합의에서 피해자는 어디 있었나?: 그 내용과 절차.", 『민주법학』, 60, pp.13-44.

이면우(2016/12), "한일 역사갈등의 전후사: 위안부 문제를 중심으로.", 『일본연구논총』, 44, pp.183-214.

이원덕(2014/12), "한일관계와 역사마찰: 김영삼정권의 대일 역사외교를 중심으로.", 『일본연구논총』, 40, pp.241-268.

조윤수(2018/12), "일본군위안부 문제에 대한 아베 정권의 인식과 정책: 한일 위안부

합의를 중심으로.", 『일본연구논총』, 48, pp.113-143.

조진구(2019/06), "문재인 정부의 대일정책: 일본군위안부 문제를 중심으로.", 『한일민족문제연구』, 36, pp.165-205.

길윤형(2021), 『신냉전 한일전』, 생각의 힘.

동북아역사재단(2020/05), 『일본군위안부 문제와 과제 II -피해자 중심 해결』, 동북아역사재단.

마에다 아키라 편저(2016), 『한일 위안부합의의 민낯』, 창해.

박유하(2015), 『제국의 위안부』, 뿌리와 이파리.

박철희 외(2021), 『위안부 문제, 어떻게 풀 것인가』, 서울대 국제학연구소.

심규선(2021), 『위안부 운동, 성역에서 광장으로』, 나남.

외교부·정진석 의원실 공동주최(2023/01/12), [강제징용 해법 논의를 위한 공개토론회] 자료집.

일본군위안부연구회 외 공동주최(2023/01/12), [고노담화 30년과 쟁점](2023.05.20.) 자료집.

조세영(2018), 『외교외전』, 한겨레출판.

木村幹(2014), 『日韓歴史認識問題とは何か』, ミネルヴァ書房.

山口智美 外(2016), 『海を渡る「慰安婦」問題―右派の「歴史戦」を問う』, 岩波書店.

문재인 정부와 한일관계

갈등을 딛고 미래지향적 협력을 추구한 5년의 기록

제5장

강제징용 쟁점과
한일관계의 구조 변용

2018년 10월 대법원 판결 이후, 한일 간 최대 쟁점으로 부상한 강제징용[111] 문제는 여전히 해결되지 않은 채, 현재 진행형으로 남아 있다. 윤석열 정부는 '제3자 채무변제 방식'으로 해결을 시도했지만, 당사자와 유가족의 반대로 현금화 가능성을 배제할 수 없는 상황이다. 국내 사법부 판결의 변수가 한일관계의 구조적 변용에 영향을 미친 독특하고 전형적인 사례로 볼 수 있다. 일본이 요구한 중재위원회나 국제사법재판소 등의 국제법적 해결보다, 한국 측이 한일 간 양자관계 내에서 해법을 찾고자 하면서 그러한 경향이 두드러졌다.

한국 정부는 대법원 판결 존중과 피해자 중심주의를 중시한 반면, 일본 정부는 1965년 청구권협정 준수를 요구하였다. 한일 간 외교협상의 전제조건으로 강제징용 해법의 국내 대책이 중대한 과제로 부상하였고, 사법부 판결과 정부 대책이라는 국내변수가 한일관계에 커다란 영향을 미치게 되었다. 각각 단계별 특징으로 '언설과 갈등', '제도와 협상', '원

---

111) 강제징용 용어는 한일 양국 언론과 학계에서 빈번히 사용되고 있다. 여기서는 편의상 '강제징용' 용어로 단일화하기로 한다. 원래 강제징용은 일본내 첫 쟁점화했던 朴慶植, 『朝鮮人強制連行の記録』(未來社, 1965) '강제연행' 용어가 시작이다. 본래 강제동원이나 전시 노무동원이 적확한 용어이지만, 강제징용이 더 일반적으로 사용되고 있다. 공식 법률 용어는 '강제동원'이며, "강제동원 피해 조사 및 국외강제동원 희생자등 지원에 관한 특별법" 등이 그것이다. "대일항쟁기 강제동원 피해조사 및 국외강제동원 희생자 등 지원에 관한 특별법 일부개정"(법률 제15796호, 시행 2019/01/17)에 따르면, '대일 항쟁기 강제동원 피해'란 만주사변 이후 태평양전쟁에 이르는 시기에 일제에 강제 동원되어 군인, 군무원, 노무자, 위안부 등의 생활을 강요당한 자가 입은 생명, 신체, 재산 등의 피해를 말한다.

〈그림 6〉 인천 부평공원에 설치된 일제강점기 징용노동자상

칙과 충돌'을 들수 있으며, 3개 단계를 시기별로 분석한 결과, 한일관계

의 구조적 변화가 과거사 쟁점에 기인할 뿐만 아니라, 국내 변수인 사법

부 판결로 인하여 커다란 영향을 받았음을 알 수 있다.

1. 문제의 제기: 국내 변수와 한일관계

　　　　　　　　　　　　　　　　윤석열 정부는 한일 간 주요 쟁
점이던 강제징용 해법을 이른바 '제3자 채무변제' 방식을 적용한, 일제하
강제동원피해자지원재단을 통한 채무변제를 추진했지만 사실상 실패로
끝났다. 피해자들의 위로금 수령 거부, 지방법원의 재단 공탁신청 기각
이 잇따르면서 정부 해법은 파탄난 상태나 다름없다고 해도 과언이 아니
다. 따라서 2018년 10월 대법원 판결 이후, 한일 간 최대 쟁점으로 부상
한 강제징용 문제에 초점을 맞추고, 강제징용 해법이라는 국내 변수가
한일관계의 구조적 변용에 미친 영향을 살펴보는 것은 매우 중요하다.

　그 이유는 2018년 대법원판결만큼 한일관계의 극적인 변화를 보여주

고 있는 사례를 찾아보기 어렵기 때문이다. 한일관계를 규정해 온 1965년 체제에 대해 근본적인 재해석을 내린 점, 한일 간 입장 차가 뚜렷한 점, 사법부 판결에서 일본기업 자산매각에 이르기까지, 국내 사법적 변수가 양국 갈등을 극대화하고 있다는 점에 주목할 필요가 있다. 한국 정부가 중재위원회나 국제사법재판소 등의 국제법적 해결보다 한일 간 양자관계 내에서 해법을 찾고자 하면서 더욱 두드러졌다.[112] 강제징용 해법의 국내 대책이 중대한 과제로 부상하였고, 사법부 판결과 정부 대책이라는 국내 변수가 한일관계에 커다란 영향을 미치게 되었다.

그러나, 사법부 판결과 새로운 한일 관계에 대해 기존 연구나 분석은 거의 다루지 않았거나 충분히 설명하지 못했다. 한일 관계를 둘러싼 양자 간 쟁점으로 역사나 영토 갈등, 한일 경제협력과 상호의존, 한일 안보협력과 대북 인식, 동북아 국제정치와 한일관계 등, 분야별로 나눌 수 있다.[113] 대표적인 사례로, 역사와 영토 쟁점을 다룬 이원덕(1996), 玄大

---

112) 일본 정부의 청구권협정 3조3항 중재위원회 주장이나 국제사법재판소 부탁(付託) 검토에 대하여, 한국 정부는 이낙연총리 주재 총리공관 회의(2018/11/13)에서 알 수 있듯이, 한일 양자간 해결을 중시하는 입장에 서 있었다.

113) 주요 저서와 논문으로 이원덕(1996), 『한일과거사 처리의 원점』, 서울대학교출판부; 장박진(2009), 『식민지 관계청산은 왜 이루어질 수 없었는가』, 논형출판사; 동북아역사재단(2019), 『한일협정과 한일관계』; 김도형(2015), 『한일관계 1965-2015: 경제』, 역사공간; 玄大松(2006), 『領土ナショナリズムの誕生, 獨島/竹島問題の政治学』, ミネルヴァ書房; 木村幹(2014), 『日韓歷史認識問題とは何か』, ミネルヴァ書房; 이면우(2017), 『위안부합의와 한일관계』, 세종연구소; 李鍾元(1996), 『東アジア冷戦と韓日米関係』, 東京大学出版会; Victor Cha(2000), *Alignment Despite Antagonism: The United States-Korea-Japan Security Triangle*, Stanford University Press; 기미야 다다

松(2006), 장박진(2009), 木村幹(2014), 이면우(2017), 동북아역사재단
(2019) 등이 있고, 동북아 국제정치와 한일관계를 다룬 이종원(1996),
Victor Cha(2000), 기미야 다다시(2013), 박철희(2014), 조양현(2017),
한일 외교의 대외 인식과 행동을 설명한 진창수(2012), 문정인·서승원
(2013), 양기호(2019/05) 등을 들 수 있다. 그러나, 사법부 판결의 국내
변수와 한일관계의 변용이라는 시각에서 접근하거나 분석한 저서나 논
문은 찾아보기 어렵다.

　여기서는 강제징용 대법원 판결에 따른 국내 변수와 한일관계의 변화
에 착목하면서 3개 단계로 나누어 상호 인과관계가 작동하는 단면을 극
명히 보여주고자 한다. 제1단계는 국내 대법원 판결로 한일 양국 관계가
크게 악화된 2018년 10월부터 2019년 1월까지로 '언설과 갈등'으로 특징
지을 수 있다. 2018년 10월 일본제철(당시 신일철주금)과 2018년 11월
미쓰비시중공업에 대해 피해자 승소를 확정한 대법원 판결이 나왔다.
판결 내용은 1965년 한일청구권 체제를 근본적으로 재검토하면서 국내
변수가 한일관계에 커다란 영향을 미쳤다. 한일 양국에서 각각 자국의

시 저·손석의 역(2013), 『일본의 한반도 외교』, 제이엔씨; 박철희(2014), 『동아
시아 세력전이와 일본 대외전략의 변화』, 동아시아재단; 조양현(2017), 『동아시
아 국제질서 변화와 한일 과거사 문제: 과거사문제의 다자화 및 전략화가 한일
관계에 주는 함의』, 동북아역사재단; 진창수(2012), 『일본 국내정치가 한일관계
에 미친 영향-민주당 정권을 중심으로』, 세종연구소; 문정인·서승원(2013), 『일
본은 지금 무엇을 생각하는가』, 삼성경제연구소; 양기호(2019/05), "문재인정부
한일 갈등의 기원-한일 간 한반도 비핵화와 동북아외교 격차를 중심으로.", 『일
본학보』 제119집 등, 다수 저서와 논문이 있다.

논리를 격렬하게 주장하는 '언설과 갈등'으로 점철되었다.

제2단계는 2019년 1월부터 2019년 6월까지 국내 해법의 지연과 한일 당국간 제도적 교섭이 전개되었던 시기이다. 대법원 판결 이후 한국 정부는 대책반을 구성하였고 집중적으로 해법을 모색하였다. 일본 정부는 한일 간 사법부 해석의 차이를 해소하고자 국제무대, 즉 청구권협정에 규정된 중재위원회 개최를 요구하거나, 국제사법재판소 부탁(付託) 등을 추진하였다. 2019년 5월 1일 강제징용 피해자와 원고단이 일본기업에 대한 압류처분 신청을 법원에 제출하면서, 한일 간 대치 국면이 더욱 두드러졌다. 국내 대책이 마련되지 않은 채, 한일관계가 악화일로를 걸었다.

한국 정부는 사법부 판결 존중을 전제로 국무총리실에서 다양한 방안을 검토하였으나, "강제동원 피해자와 일본 전범기업 간 민사소송에 한국 정부가 개입하는데 한계가 있다"는 2019년 5월 15일 이낙연 총리의 발언에서 알 수 있듯이, 국내 해법을 도출하지 못했고 민사소송의 결과에 따른 판결이행을 중시하였다. 일본 정부는 국제법적 해결을 요구하면서 청구권 협정 3조1항에 규정된 외교 당국 간 협의와 중재위원회 설치를 일방적으로 요구하였다. 따라서 이 시기는 제2단계로서 국내해법 지연과 제도 갈등으로 확산된 '제도와 협상' 시기에 해당된다. 한국 정부는 2019년 6월 19일 한일 양국 기업 간 자발적인 모금을 통하여 피해자 보상에 동의한다면, 청구권협정에 따라 한일 외교 당국 간 교섭을 개시할 의사가 있다고 정식으로 제안하였다. 일본 측은 당일 오후 즉각 거부의사를 밝혔다.

제3단계는 2019년 7월부터 2020년 2월까지 한일 간 협상이 실패로 끝나고 대결로 치달았다가, 다시 갈등관리와 잠재적인 위기로 수렴되는 시기이다. 국내 해법이 나오지 않은 채, 한일 양국 간 외교협상이 별다른 성과없이, 대결 국면으로 확대된 시기에 해당한다. 2019년 7월 4일 일본의 수출규제와 8월 22일 한국의 지소미아 종료 발표 등, 극한 대립으로 치닫자 미국도 적극적으로 개입하였다. 그 결과, 11월 22일 수출규제와 지소미아 한일 간 봉합, 12월 24일 한일 정상회담, 이후 2020년 2월까지 국내 해법의 모색과 한일 외교협상이 재개된 제3기로 볼 수 있다.

2019년 7월 4일 일본 정부는 전략물자 관리통제를 이유로 한국에 대해 수출규제를 강행하였다. 잇달아 8월 2일 각의 결정을 통하여 한국을 화이트국가에서 배제하였다. 한국도 이에 맞대응하여, 일본을 화이트국가에서 배제하고 세계무역기구(WTO)에 소송을 제기하였다. 또한, 일본 측이 화이트국가 배제 명분으로 안보상 불신을 내세운 점을 들어, 8월 22일 한일 양국 간 군사정보보호협정, 약칭 지소미아(GSOMIA) 종료를 발표하였다.

한일 양국이 치열한 대결국면으로 접어들면서 강제징용 해법에 대한 이견차가 극대화되었다. 일본은 수출규제와 화이트국가 배제, 한국은 세계무역기구 WTO 제소, 지소미아 종료 카드를 꺼내들면서, 대결 구도가 안보, 통상에 이르기까지 확산되었고 한일 국민 간 상호 인식도 크게 악화되었다. 한국 국회에서 문희상 의장이 기억·화해·미래 재단을 세워서 한일 양국 기업과 국민이 공동기금을 만들고 피해자를 구제하는 법안을 제출했지만, 대법원에서 승소한 피해자와 원고단, 한일 양국의 강제동원 피해대책 공동행동은 크게 반발하였다.

대한민국 청와대는 일본의 경제제재에 지소미아 종료 카드로 맞대응하였고, 문희상 법안이 야기할 대법원 판결 무효화를 우려하여 수용하지 못했다. 대법원 승소 피해자는 일본 정부와 기업의 사죄·보상을 요구하는 원칙론으로 기울었다. 2020년 1월 한일 양국의 피해자 지원단체로 구성된 공동행동은 한일 협의체 구성 제안을 내놓았다. 한국 정부가 이에 관심을 표명한 반면, 일본 측은 '전혀 흥미가 없다'고 거절하였다. 이 시기는 한국 국내 변수에 관여하는 주요 핵심 액터들이 일치된 합의안을 도출하지 못한 채, 결국 사죄와 보상이라는 원칙론으로 귀결되었고, 한일 양국이 통상과 안보면에서 대립을 거듭한 '원칙과 충돌' 단계로 볼 수 있다.

2020년 3월까지 한일 양국은 외교부 국장급 협의를 이어갔지만, 공감대를 형성하지 못했다. 한국 정부는 대법원판결의 존중과 피해자 중심주의를 고수하는 반면, 일본 정부는 1965년 청구권협정으로 최종적으로 완전히 종결되었다고 주장하였다. 한일 외교협상과 동시에 한국 정부는 국내 피해자, 지원단체와 접촉하였다. 대법원 판결에 따른 일본기업의 압류자산 매각명령을 앞두고 양국관계가 다시 위기속에 빠져들 가능성이 높아졌다. 국내 변수와 한일관계를 각 단계별로 특징을 정리하면, 아래 〈표 2〉와 같다.

〈표 2〉 국내변수와 한일관계: 단계별 특징

	국내 변수	한일 관계
제1단계 대법원 판결 -언설과 갈등	2018년 10월, 11월 대법원 강제징용 승소판결 신일철주금(현재 일본제철), 미쓰비시중공업, 강제징용 피해자 배상판결, 최종 확정	사법부 판결에 대한 한일 갈등 사법부 존중 vs 국제법 준수 피해자 구제의 국내 대책 검토 자국 주장의 정당성 강조 한일 언설과 갈등의 심화
제2단계 국내대책 한계 -제도와 협상	한일 간 원칙적 입장 확인 '국내 대책에 한계' 발언 원고단의 자산매각 신청	일본 측이 청구권협정에 따라 중재위원회 설치 요구 한국의 6.19 제안과 일본의 거부
제3단계 대결과 위기 -원칙과 충돌	한국 정부, 사법부 판결 중시와 피해자 중심주의 원칙 유지 국내 해법 합의도출에 실패 일본기업 자산매각 명령 예상	한일 충돌 수출규제와 지소미아 한일 공동협의체 제안-일본 거부 일본기업 현금화시 한일관계 최악의 위기 예상

한일 갈등의 정점은 일본기업의 국내 자산 매각이며, 한일 양국 모두가 분명히 인식하고 있었다. 매각명령과 자산처분의 주체는 한국 정부나 일본 정부가 아닌 사법부의 판단과 피해자, 원고단이다. 국내 사법부와 피해자가 양국 관계를 규정하는 중대한 변수로 떠오른 것이다. 피해자와 원고단은 일본의 사죄·보상을 포괄적으로 요구하고 있으며, 정부

와 기업, 지원단체 간 정치적인 합의나 동의가 필요한 부분이다. 한일관계를 적극적으로 개선하려면 '국내적 해결'이 전제되는 것이다.

사법부 판결과 한일관계의 변용은 새로운 현상이 아니며, 2010년대 이후 갈등 프레임으로 자리 잡았다. 2011년 8월 헌법재판소의 위헌 판결은 한일 간 외교 쟁점화되었고, 일본군'위안부' 문제를 둘러싼 한일 갈등은 증폭되었다. 2011년 12월 교토에서 열린 한일 정상회담에서 이명박 대통령은 의제 순서를 무시한 채, 대부분의 회담 내용을 오로지 위안부 문제에 할애하였다. 2012년 8월 이명박 대통령의 독도 방문, 천황 사죄 요구, 일본 국력도 예전 같지 않다는 3박자 발언은 일본 내 커다란 반발을 불러 일으켰다.

2011년 8월 위안부문제 부작위에 대한 헌법재판소의 위헌 판결은 한국 정부로 하여금 대일 외교협상을 추동하였고, 급기야 2015년 12월 한일 위안부합의로 이어졌다. 한일 양국은 10억엔 위로금과 화해·치유재단 설립, 최종적이고 불가역적인 해결에 합의하였지만, 일부 피해자의 위로금 수령 거부, 아베 총리가 약속한 제1항 통절한 사죄와 반성의 번복 논란,[114] 재단 잔금 사용처를 둘러싼 한일 외교당국의 협상 실패, 2018년 11월 화해·치유재단 해산으로, 오히려 한일 양국 간 감정의 골

---

114) 한국내 대일불신이 커진 대표적인 사례로, 아베 신조 총리는 국회에서 일본군 '위안부' 피해자들에게 위로편지를 쓸 생각이 있느냐는 질문에 '털끝 만큼도 없다'고 답변하였다(2016/10/03). 기시다 후미오 외상은 일본 기자들에게 '10억엔 주고 위안부 문제를 끝냈다'고 발언하였다(2016/01).

은 더욱 깊어졌다.

강제징용 대법원 판결은 한일청구권 협정의 본질을 재확인하면서 한일 외교 당국 간 고도의 협상 기술을 요구하고 있다. 국내적으로도 강제징용 사안은 위안부 문제와 달리 관계단체들이 훨씬 더 다양하고 복잡하다. 일본군'위안부' 공식 피해자가 384명에 그친 반면, 확인된 국외 강제동원 피해자만 해도 약 21만 명에 달한다. 군인, 군속까지 포함하면 그 숫자는 약 27만 명으로 늘어나고, 사망자, 부상자, 생존자의 본인내지 직계 가족, 강제동원 전시 노무자와 근로정신대, 강제징용 피해증거 보유자와 미보유자, 국내 진출 일본 기업인지 여부, 사망자·부상자·생존자 간 보상액 차이 등이 겹쳐지면서 사법적, 행정적으로 엄청난 부담이 소요되는 맹점을 안고 있다. 오죽하면 강제동원 피해자 보상 문제가 '판도라의 상자'로 지목되어 왔는지, 상상하기 어렵지 않다.

한일관계의 전제로서 국내 대책은 '정부로서 한계를 느낄 만큼'[115] 어려운 문제로 남아 있다. 약 1천 명이 넘는 피해자가 지방법원이나 고등법원, 또는 대법원에서 소송을 진행 중이다. 대법원 판결에서 최종 승소한 피해자, 법원에서 소송 중인 피해자, 잠재적인 소송자를 포함한 재판과정은 각각 동일한 사안으로 보기 어렵다. 1974년 청구권 보상법, 2007년과 2010년 강제징용 희생자지원법에 이어 추가로 국내 보상을 추

---

115) 서울프레스센터 기자회견에서 이낙연 국무총리의 발언(2019/05/15). 대법원 강제징용 판결이후 국무총리실은 정부 대책반의 총괄 조정역할을 맡았다.

진할 경우, 엄청난 재원이 소요되는 매우 복잡한 난제임에 틀림없다. 양

국내 주요 액터가 크게 다변화, 다층화되었고, 민사소송 당사자인 국내

피해자와 원고단, 일본 기업은 물론, 한일 양국 정부가 관여되어 있다는

점에서 더욱 복잡해졌다.[116] 아래 〈그림 7〉은 강제징용 해법을 둘러싸고

한일 양국의 주요 액터들의 상관관계를 도표화한 것이다.

〈그림 7〉 한일관계 주요 액터간 상관도

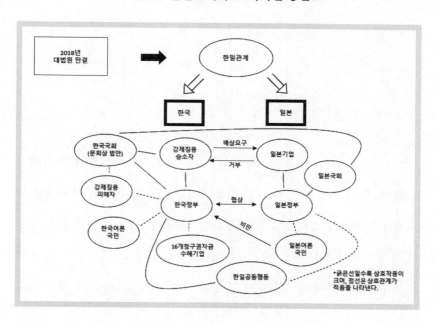

---

116) 노컷뉴스(2019/10/30), '강제징용 판결 1년, 한일 해법은 제자리.' 한일 협상은
"피를 흘리게 하지 않고 살을 1파운드 베어 내라는 것과 같다. 외교부 관계자는
한일 간 해법 도출 어려움을 셰익스피어 고전인 '베니스의 상인'에 등장하는 대
사로 표현하였다.

2. 언설과 갈등- 대법원 판결

2018년 10월 신일철주금(新日鐵住金, 현재 일본제철)과 11월 미쓰비시중공업 소송에서, 강제징용 피해자들은 최종 승소하였다. 대법원 판결문에 따르면, 1965년 한일 청구권 협정은 피해자 권리의 해결을 규정하고 있지 않으며, 영토 분리에 따른 채권·채무 관계의 해소라고 보았다.[117] 따라서, 일제 불법 점거하 침

---

117) 1951년 9월 일본은 연합국과 샌프란시스코 강화조약을 체결했고, 제4조에 따라 한반도의 식민지배를 둘러싼 전후청산의 큰 틀이 결정되었다. 제4조 a)항은 한일 간 재산 및 청구권의 처리를 "일본국과 당사국 간의 특별협정의 주제로 한다."고 규정하였다. 한일 청구권협정에서 한일 관계의 설정은 식민지 청산이 아니라 한국의 분리·독립에 따른 재정적·민사적 채권·채무 관계 정리로 인식하였다.

략전쟁 수행 과정에서 발생한 반인도적인 범죄로 인한 강제징용 피해자들에게 일본기업이 각 1억 원씩 정신적 위자료를 보상하라는 판결을 내렸다.[118]

한 달 뒤인, 11월 말 대법원 2부 강제징용 피해자 6명이 미쓰비시중공업을 상대로 낸 손해배상 청구 소송에서도 원고단 최종 승소 판결을 내렸다. 대법원은 1944년 9~10월 일본에 강제징용되어 미쓰비시중공업 기계제작소와 조선소에서 발생한 노동착취에 대해 미지불 임금과 강제징용으로 인한 손해배상금 1억 원~1억5천만 원을 각각 지급하라는 판결을 내렸다. 대법원 판결이 나오자마자 일본 정부는 즉각 반발하였다. 일본 정부는 주일 한국대사를 불러 강력하게 항의했으며, 국제법 위반이자 국제질서에 대한 도전이라고 맹렬히 비난하였다. 일본은 다음과 같은 외무대신 담화를 발표하였다.[119]

1. 대한민국 대법원 판결은, 일한청구권협정 제2조에 명백하게 반하며, 1965년 국교정상화 이래 구축해온 일한 우호협력 관계의 법적 기반을 근저에서부터 뒤집는 것이다.

2. 일본은 대한민국이 즉각 국제법 위반 상태를 시정하는 것을 포함

118) "일제 강제동원 피해자의 일본기업을 상대로 한 손해배상청구 사건 판결문"(대법원 2018/10/30, 선고 2013다61381 전원합의체 판결).

119) 外務大臣談話(2018/11/29), "大韓民国大法院による日本企業に対する判決確定について."

하여, 적절한 조치를 강구할 것을 강하게 요구한다.

3. 즉각 적절한 조치가 강구되지 않을 경우, 국제 재판과 대항조치를
   포함한 모든 선택지를 포함하여 의연하게 대응할 것이다.

일본 정부는 한일청구권협정으로 개인 청구권이 강제 동원과 일본군
위안부 문제를 포함한 모든 사안이 최종적이고 완전하게 해결되었다고
주장하였다. 대법원 판결은 1965년 한일청구권협정을 위반한 것이며,
한국 정부에 국가책임이 있다고 강조하였다.[120] 즉, 한일청구권협정으
로 모든 개인 보상은 끝났고, 개인 청구권은 살아있지만 청구할 수 없다
는 것이 일본 정부의 입장이다.[121] 한국 정부는 삼권분립의 기본원칙에
따라 사법부 판단을 존중하는 가운데 판결 내용을 면밀히 살피면서, 정
부 내 관계부처와 함께 관련 문제들을 다각도로 논의해 오고 있으며, 제
반 요소를 종합적으로 고려하면서 대응 방안을 마련해 나가겠다는 입장
을 발표하였다.[122]

---

120) 每日新聞(2019/06/21), "資産売却なら韓国政府に賠償請求へ元徴用工問題."
121) 그러나, 1999년 이후 국제노동기구(ILO)는 수차례에 걸쳐서 일본 정부가 강제징
     용 피해자들에게 사죄와 보상할 것을 촉구한 바 있다. 2006년 유엔 국제법 위원
     회(ILC)에서 채택된 외교적 보호제도는 국가간 우호를 위해 개인 희생을 강요할
     수 없다는 원칙을 재확인하였다.
122) 국무총리실(2018/10/30), "강제징용 대법원 판결 관련 대국민 정부 입장 발표문."

1. 정부는 일제강점기 강제징용 피해자에 관한 사법부 판단을 존중하며, 대법원의 오늘 판결과 관련된 사항들을 면밀히 검토할 것이다.

2. 이를 토대로 국무총리가 관계부처 및 민간 전문가 등과 함께 제반 요소를 종합적으로 고려하며 정부 대응 방안을 마련해 나갈 것이다.

3. 정부는 강제징용 피해자들이 겪었던 고통에 대해 안타깝게 생각하며, 피해자들의 상처가 조속히, 그리고 최대한 치유될 수 있도록 노력해 나갈 것이다. 정부는 한일 양국관계를 미래지향적으로 발전시켜 나가기를 희망한다.

문재인 정부에 들어와서 보다 분명해진 것은 일본군'위안부' 뿐만 아니라, 강제징용 피해자 문제도 한일청구권협정으로 완전히 해결되지 않았다는 것이다. 2018년 8월 17일, 한국 정부는 일제에 의한 강제징용 피해자들의 개인 청구권 문제에 대해 1965년 한일청구권협정으로 해결되지 않았다는 입장을 표명하였다.[123] 강제징용 피해자 문제가 한일 협정으로 해결되지 않았다는 정부 입장을 공식적으로 밝힌 것은 이것이 처음이었다.

2018년 11월 고노 타로(河野太郎) 외무대신은 대법원 판결을 강력히

---

123) 한국일보(2018/08/17), "문재인 대통령, 한일협정이 강제징용 피해자 권리 침해 못해."

비난하였다. 그는 "한국 정부가 책임지고 징용 피해자에게 보상해야 한다", 11월 4일 '국제사회에 대한 도전', 11월 5일 '어떤 나라도 한국 정부와 일하기 어려울 것', 11월 6일 '폭거이자 국제사회에 대한 도전' 등으로 과격한 발언을 서슴치 않았다. 일본 정부는 국제사법재판소(ICJ) 제소 방침을 주변에 흘리면서 한국을 압박하였다.

한국 정부는 "일본의 책임 있는 지도자들이 문제의 근원은 도외시한 채, 우리 국민감정을 자극하는 발언을 계속 행하고 있는 데 대해 매우 우려하고 있다."고 지적하였다. "정치적으로 과도하게 부각하는 것은 한일관계의 미래지향적 발전에 전혀 도움이 되지 않음을 일본 정부가 명확히 인식해야 할 것"이라고 경고하였다. 정의용 청와대 국가안보실장도 같은 날 국회 운영위원회 국정감사에 출석해 "일본 정부가 강경하게 나오면 이에 상응하는 대응을 하지 않을 수 없다."고 반박하였다.[124]

여기서 주목할 점은 일본 정부가 일관되게 한국이 국제적 약속을 지키고, 한국 국내 조치로서 강제징용 보상 문제를 해결할 것을 요구해 왔다는 것이다. 아베 총리는 청구권 협정의 약속을 지킬 것과 한국이 자체적으로 문제를 해결해야 한다는 주장을 거듭 표명하였다. 아베 총리는 2018년 11월 1일 중의원 예산위원회 발언에서 "1965년 한일청구권협정으로 완전히 최종적으로 해결되었으며, 대법원 판결은 국제법에 따라 잘못된 판단이다. 한일관계 관리를 위해 일본뿐만 아니라, 한국 측 노력

---

124) KBS(2018/11/07), "정의용, 징용배상 판결 日강경 대응 지속시 정부도 상응 대응."

도 필요불가결하며, 한국 정부의 대응을 강하게 기대하고 있다."고 주장하였다.[125]

일본의 주요 언론도 한일청구권협정의 기본틀 내에서 해결되어야 한다고 주장해 왔다. 강제징용 쟁점화 원인은 한국 정부 내지 사법부가 국제법을 위반한 상태이며, 이것을 해결할 책임은 한국 정부에 있다는 비판적인 기본 인식이 깔려 있었다. 2019년 5월 요미우리·한국일보 공동조사에 따르면 강제징용 보상은 1965년 한일청구권과 경제협력으로 완전히 해결되었다는 점, 한국 대법원이 일본기업에 배상을 명령한 것은 국제법 위반이라는 주장에 일본 국민 78%가 공감하고 있었다(매일경제, 2019/06/11). 나가미네 야스마사(長嶺安政) 주한 일본대사는 NHK 설문조사 결과 대법원 판결을 지지하는 일본 국민은 불과 2%에 지나지 않으며, 한일청구권협정은 상호 간 재산 청구권을 포기한 것으로 한국이 국내 대책으로 처리해야 한다고 주장하였다.[126]

문재인 대통령의 2019년 1월 신년 기자회견은 한일 간 간극을 더욱 크게 드러냈다. 문재인 대통령은 "한국 정부가 사법부 판결에 관여할 수 없다. 정부는 사법부 판결을 존중해야 하며, 일본도 마찬가지"라고 언급

---

125) NHK(2018/11/01), "日韓の間の困難な諸課題をマネージしていくためには、日本側のみならず韓国側の尽力も必要不可欠で、今回の判決に対する韓国政府の前向きな対応を強く期待している."

126) 중앙일보(2019/06/03), 한일 비전포럼에서 주한일본국대사 나가미네 야스마사(長嶺安政) 발언 가운데 일부임.

하였다. 피해자 고통이 실질적으로 치유되어야 함을 강조하면서, "강제징용 문제는 한국이 만들어낸 문제들이 아니며, 과거 불행했던 역사로 인한 것"임을 상기시켰다.[127]

일본 언론은 문재인 대통령의 신년 기자회견 내용을 두고 크게 반발하였다. 요미우리신문은 2019년 1월 11일자 사설에서 국내 사법판단을 이유로 국가간 약속에 따른 의무를 회피하는 것은 용납되지 않는다고 문재인 정부를 비판하였다. 아사히신문도 강제징용 문제에 대한 한국 정부의 명확한 태도가 필요하며, 1965년 기본조약이나 청구권협정을 바탕으로 신뢰와 협력을 당부하였다. 니혼게이자이신문도 문재인 정부가 결단을 내려서 외교관계를 이끌어야 하며, 하루 빨리 한국 정부가 대응책을 제시해야 한다고 주장하였다(고바야시 소메이, 2019, pp.2-4). 일본 정부와 자민당은 물론, 주요 언론도 1965년 한일청구권협정에 따라 한국 정부가 결단을 내릴 것을 주장하면서 귀책 사유가 한국 측에 있음을 강조하였다.

---

127) 연합뉴스(2019/01/10), "문재인 대통령, 일본 정부 겸허한 입장 가져야..징용배상 정치공방 안돼."

3. 제도와 협상- 정부의 한계

일본 정부는 한국이 2018년 연말까지 대책을 강구할 것으로 기대하고 있었다. 문제 해법이 양국 간 협상보다도 한국 국내 대책에 있다고 인식하고 있음을 의미한다. 그러나, 한국 측의 대책 검토 중이라는 일관된 답변에 점차 조급함을 느끼기 시작하였다. 일본 정부와 언론은 한국 측이 피해자 중심주의와 사법부 판결 존중을 내세워 양국관계를 방치하고 있다는 불신을 노골적으로 드러냈다.

한국 정부는 강제징용 피해자들의 대법원 승소 판결이 예상되자 2018년 상반기부터 대책을 검토해 왔다. 1965년 청구권 협정에 '최종적이고 완전한 해결', '유·무상 5억 달러로 강제징용 보상금이 포괄적으로 해결 되었다'는 2005년 민관공동위원회 보고서 등은 한국 정부로 하여금 국 내 대책을 검토하는 요인이 되었다. 한국 정부와 청구권자금 수혜기업 이 피해자를 구제하면 대일 도덕적 우위를 기대할 수 있다는 주장도 나 왔다. 1974년, 2008년에 걸친 두 차례의 실질적인 보상 사례는 이를 지 지하고 있었다.

2018년 10월 대법원 판결 이후 이낙연 국무총리 중심으로 대책반이 만들어지면서 내부 검토작업이 진행되었다. 그러나, 삼권분립하에서 사법부의 판결 존중 원칙, 국내 대책시 사법부 판결 승소자, 소송 중인 피해자, 미소송 피해자에 대한 개별 대응이 어렵고, 자칫하면 대규모 보 상금 지급이 우려되는 상황에서 이렇다 할 대책을 내놓지 못했다. 이낙 연 총리의 "나를 포함한 한국 정부는 최대한 자제하고, 고민하고, 노력 하고 있다(朝日新聞, 2019/01/10)" 는 언급이 이어졌다.

강제징용 피해자에 대한 1974년 1차 보상금, 2008년 2차 위로금 지급 전례와 달리, 장기간에 걸친 피해보상 요구와 20여 년에 걸친 한일 간 사법소송, 방대한 규모의 보상 금액, 피해자와 일본 기업 간 소송이 진 행 중인 점, 한국 정부가 피해자 중심주의를 견지하고 있어서,[128] 포스

---

128) '피해자 중심주의'는 강제징용과 일본군'위안부' 문제에 있어서 한국 외교부의 기 본원칙이었다. 실제로 문재인 대통령은 일본 언론이 '과거 강제징용 피해자를 변 호한 경험 때문에 피해자 중심주의를 고수한다'는 취지로 보도한 데 대해, 피해 자 중심주의는 소송대리인 경험이나 대한민국의 입장과 상관이 없는 국제사회

코(POSCO)와 한국전력공사 등을 비롯한, 청구권자금 16개 수혜기업이 만드는 기금이나 재단 안은 본격적인 논의조차 시작되지 못했다.

무엇보다도 일본의 '전범'기업과 강제징용 피해자 간 민사소송이라는 점에서 한국 정부가 개입하는데 '한계를 느낄 수밖에' 없었다.[129] 청와 대는 사법부 판결에 정부가 개입할 수 없으며, 이것은 '결코 흔들릴 수 없는 원칙'임을 강조하였다. 결국 피해자 동의를 거쳐야 해법을 도출할 수 있다는 피해자 중심주의의 원칙, 재판 중인 민사소송에 정부가 개입 할 수 없다는 강한 원칙은 국무총리실 대책반의 한계를 설정한 셈이 되 었다.[130]

대일항쟁기 강제 동원 피해조사 및 국외 강제동원 희생자 등 지원위 원회 [활동보고서]에 따르면, 1939년~1945년 강제동원 피해자 총수는 한반도 내 약 650만 명, 국외 동원 약 104만 명으로 나타났다. 국내외 동 원된 피해자를 모두 합치면 약 780만 명에 이르렀다(남상구 2019/12, pp.17-21). 일제강점하 강제동원 피해진상규명 위원회에 신고한 피해 자는 22.6만 명, 피해인정은 21.8만 명에 달했다. 피해인정 건수 가운데

의 원칙이라고 반박하였다. 또한, 피해자 중심주의를 자랑스럽게 생각한다면서 이는 유엔 인권위원회 등에서 확립된 원칙이라고 언급하였다. 한일 위안부합의 도 피해자 중심주의에 입각하지 않아 국민 동의를 구하지 못했으며, 강제징용도 피해자 동의가 가장 큰 원칙임을 거듭 밝혔다(국민일보, 2020/02/11).
129) 강창일 전 한일의원연맹 회장 세미나 발언(2019/01/19), 『강제동원 문제 해결을 위한 한일 전문가 정책토론회』.
130) 중앙일보(2019/05/22), "강창일, 대통령 한마디에 올스톱한 한·일관계, 여당서 출구 찾는다."

사망자 19,205명, 행방불명 6,380명, 후유장애 3,398명, 귀환 후 사망 145,944명, 귀환후 생존 43,712명로 나타났다.

[일제하 강제동원 피해자지원재단]에 등록된 피해자 지원 단체는 34개에 달하며, 전체 강제징용 피해 인정자는 약 21.8만 명으로, 일본제철 관련 대법원 확정판결을 받은 이춘식 피해자 등에게 지급될 1억 원을 기준으로 피해자에게 지급할 경우, 약 22조 원의 예산이 필요하였다. 소송에서 승소한 피해자 숫자와 보상금, 현재 소송 중인 피해자나 유족 약 1천 명, 강제징용 증빙자료가 부족하거나 국내 미진출 일본기업 피해자들의 지급기준과 근거는 사법논란을 유발하고, 엄청난 인력과 비용을 요구하고 있었다.[131]

설사 기금을 만들어 보상한다고 해도 다른 국가폭력 피해자와 형평성 문제는 커다란 부담이었다. 대법원 판결 피해자 보상금 1억 원은 법정이자 20%가 가산되어 이미 2018년 10월 시점에 2억 6백만 원으로 늘어난 상태이었다. 이는 2008년 지급된 강제징용 피해자 위로금 2천만 원에 비하면 적어도 5배, 실지급 예상액과 비교하면 무려 10배나 차이가 나게 된다. 광주민주화항쟁 사망자 보상금 약 4,500만 원이나 독립유공

---

131) 필자와 행정안전부 담당자 인터뷰(2018/11/27). 국내 일본기업 99개에 대하여 소송이 가능할 것으로 보고 있었다. 2016년 당시 국내 청구권자금 수혜 16개 기업이 기금을 조성한다면, 약 300억원 모금이 가능할 것으로 보았다. 포스코는 100억원 기부 약정후, [일제하 강제동원 피해자지원재단]에 60억원을 냈고 2023년 3월 한국 정부의 제3자 채무변제를 위해 추가로 40억원을 재단에 보냈다.

자에 대한 보상과 비교하면 형평성 논란이 제기될 것이 분명한 일이었다.[132] 대법원에서 승소한 피해자가 보상금을 거부하고 일본기업의 자산 매각 처분을 강행할 경우, 한국 정부가 막을 도리는 없었다.

2019년 1월로 접어들면서 국무총리실 산하 내부 대책반의 활동량과 회의 빈도가 떨어지면서 점차 추진력이 약화하였다.[133] 마이니치신문 보도에 따르면, 이낙연 총리를 중심으로 대책반이 활동했지만, 2개월도 채 못되어서 검토작업은 중단되었다. 여당 관계자에 따르면, 지나치게 많은 이해관계가 맞물려 결국 국무총리실에서 조정하지 못했으며, 청와대에서 검토하는 것으로 결론이 났다는 것이다.[134]

한일 양국 간 상호 불신이 높아지는 가운데, 한국 원고단은 일본 도쿄의 신일철주금(현재, 일본제철) 본사를 방문하여 협의를 요청하였다. 세 차례나 불응하자 원고단은 강제 매각을 추진하겠다는 의사를 밝혔다. 2019년 3월 대전지방법원은 일본 미쓰비중공업 자산에 대한 원고단

---

132) 무상 3억 달러에 해당하는 1,097억 원에서 경제개발에 913.5억 원(89.4%), 피해자 보상으로 104억 원(9.7%), 독립유공자 기금으로 20억 원(1.9%)이 집행되었다. 피해자 보상은 대부분 개인재산권 보상금이었고, 피징용 사망자 8,552명에 대한 25억 원 보상금은 전체 금액의 1.8%에 지나지 않는다.

133) 중앙일보(2019/05/22), "강창일, 징용문제는 지난해 11월까지 총리실에서 관할하다가 청와대 국가안보실로 넘어갔다."

134) 每日新聞(2019/01/11), "대법원에서 소수의견을 낸 판사나 일본 전문가의 의견을 청취하였지만, 지금은 검토작업이 중단되었다. 여당 관계자는 너무나 이해관계가 복잡하여 국무총리실에서 조정하지 못하고 청와대에서 검토하기로 하였다."

의 압류 신청을 받아들였다. 한국 내 상표권 2건, 특허권 6건을 압류 결정하였는 바, 채권액은 피해자 4명이 제기한 8억 4백만 원이었다(뉴시스, 2019/03/25). 이에 대해 스가 요시히데(菅義偉) 관방장관은 한국 정부가 청구권 협정 위반상태를 시정하는 구체적인 조치를 하지 않고, 압류가 진행되는 것은 매우 심각하다고 언급하였다. 일본 언론도 한국 측 결단을 요구하고 있었다[135]

2019년 5월 15일 이낙연 총리는 사법절차가 진행 중인 사안에 대한 정부의 대책 마련은 한계가 있다고 발언하였다. 이에 대해 스가 관방장관은 "한국 측이 야기한 문제점은 한국이 해법을 제시해야 한다"고 반박하였다(FNN.jp プライムオンライン, 2019/05/16). 일본 정부는 청구권 협정에 따라 당국 간 협의를 요청한 지 3개월이 지났지만, 한국 정부가 불응하고 있는 가운데, 일본기업에 대한 소송이 확대되고 있으며, 중재절차를 추진하였다(뉴시스, 2019/02/02). 일본 정부는 중재위원회에서 해결을 보지 못할 경우, 국제사법재판소 제소도 준비하고 있었다(夕刊フジ, 2019/04/25).

2019년 5월 1일 대법원에서 승소한 원고단은 일본기업 자산에 대한 압류신청을 하였다. 5월 20일 일본 정부는 한일청구권협정에 근거한 중

---

135) 朝日新聞(2019/05/22), "徴用工問題 韓国が態度を決めねば." 아사히신문은 사설에서 한일 간 갈등이 높아지고 있으며, 한국내 일본기업 자산이 처분될 가능성도 있다. 한국 정부가 결단하여야 하며, 문제인 대통령이 지혜를 짜내야 한다, 한국 정부가 청구권협정의 틀내에서 문제를 해결해야 한다고 주장하였다.

재위원회 설치를 요구하였다. 한국 측에 국제법 위반상태를 시정할 적절한 조치를 요구했지만, 아직까지 제안이 없었고, 1월 9일 청구권 협의를 요구한 지 4개월이 경과했지만, 한국 정부는 이에 응하지 않고 있다는 이유에서이었다. 이에 한국 정부는 여러 가지 사정을 고려하여 신중하게 검토해 나가겠다고 밝혔다.

2019년 6월 오사카 G20서밋를 앞두고 한일관계가 냉각된 것은 한국 측에도 적지않은 부담이었다. 비공개 한일 차관급 협의를 거쳐서 약 한달 뒤인 6월 19일 한국 외교부는 "소송 당사자인 일본 기업을 포함한 한·일 양국 기업이 자발적 출연금으로 재원을 조성해 대법원 확정 판결을 받은 피해자들에게 위자료 해당액을 지급함으로써 당사자들 간의 화해가 이루어지는 것이 바람직하다는 의견이 제기된 바 있다"면서 "한국 정부는 일본이 수용할 경우 한일 청구권 협정 제3조1항 협의에 따라 외교적 협의를 수용할 용의가 있다"고 밝혔다(한겨레신문, 2019/06/20). 이번 제안은 한국 정부가 삼권분립을 전제로 사법부의 판결을 존중하되, 일본기업의 자발적인 기금 참가를 포함하여 타협 가능한 대안을 제시한 것이었다.[136]

한국 외교부는 지난 4월부터 강제동원 피해자 원고단과 대화를 해 왔으며, 조세영 외교부 제1차관이 일본을 비공개로 방문하는 등, 일본 측

---

136) 중앙일보(2019/07/08), 6월 19일 제안은 한일 양국기업의 기금보다도 외교당국간 협상에 방점을 두고 있었다. 한일비전포럼에서 조세영 외교부차관 비공개 발표.

에 수차례 한국 측 제안을 전달하였다. 외교부 당국자는 "사법 판결에 정부가 개입하지 않는다는 원칙에 변함이 없지만 가능한 노력과 지원을 기울이겠다는 것"이라며 "피해자들이 고령으로 구제 절차가 조속히 진행될 필요가 있고, 화해를 통한 해결이 가장 바람직하다는 점에서 제안한" 것으로 설명하였다(외교부 보도자료, 2019/06/19). 구제 대상은 대법원에서 확정 판결을 받은 강제징용 피해자가 동의한 경우에 해당된다(한겨레신문, 2019/06/20). 국내 소송 대리인단과 지원단은 "피해자들이 고령인 점을 고려할 때 정부 발표를 계기로 양국 정부가 강제 동원 문제 해결을 위해 적극적인 협의에 나서길 희망한다"고 밝혔다.

6월 19일 제안은 국무총리실에서 검토해 온 일본기업의 대법원 판결 이행을 전제로 한국 정부가 보완한다는 내용을 담고 있었다. 사법부 재판이 진행 중인 상황에서 대법원 판결이 난 피해자에게 보상을 실시하고, 한일 양국 기업이 자발적인 모금으로 구제한다는 것이다. 한일 양국 국회와 학계 전문가 간에 다양한 제안이 오가고 있었지만, 한국 정부가 정식 해법으로 제안한 것은 처음이었다. 청와대 관계자와 원고단과의 대화도 시작되고 있었다.

강제징용 피해 공동행동의 주요 단체인 강제징용 소송 대리인단과 '근로정신대 할머니와 함께하는 시민모임', 민족문제연구소, 태평양전쟁피해자보상추진협의회는 이날 오후 긴급회의를 열어 "한국 정부의 입장은 한일 간 협의를 개시하기 위한 사전 조치로서 긍정적으로 평가할 수 있다"는 반응을 보였다. 이들은 "한일 기업이 확정된 판결 보상금을 피해자에게 지급하고, 양국 정부가 다른 피해자들 문제를 포함한 포괄적 협상으로 논의를 확대해나간다면, 긍정적으로 검토해볼 수 있을 것"이라고 언급하였다. 다만, 일본의 "역사적 사실 인정"과 "진심어린 사과"를 요구하지 않고, 피해자들과 충분하게 소통하지 않은 채, 자체 입장을 발표한 점은 비판하였다.[137]

한국 정부로서는 사법부 판결을 존중하되, 피해자 중심주의에 서서, 진행 중인 사안에 대해 구제 선례를 만들어가면, 가장 합리적인 대안이 될 수 있다고 본 것이다. 민사소송에 정부가 직접 개입은 어려우며, 전체 피해자가 아니고 이미 사법부 판결이 난 승소자를 먼저 구제해가는 방안은 상대적으로 부담이 적은 선택지이었다. 한미 정상회담을 앞두고 미국 압력을 사전에 낮추는 효과도 있었고, 오사카 G20 주요국 정상회담 참석을 앞두고 일본 측에 결단을 촉구한다는 명분도 있었다.

그러나, 일본 정부는 즉각 거부하였다. 한국 정부가 빠진 상태에서 한일 기업들의 자발적인 모금방식은 문제 해결에 대한 진정성을 느끼기 어렵다는 것이다. 고노 다로(河野太郎) 일본 외무대신은 "한국 정부의 제안은 한일관계의 법적 기반이 되어 있는 청구권협정 위반 상황을 시

---

137) 피해자와 지원단체는 한일 양국 정부와 기업이 피해자들에게 사죄와 보상하는 것이 바람직하며, 이를 위해 피해자들은 강제집행을 미루어 왔다고 발언하였다. 또한, 2018년 10월 대법원 판결이후 한국 정부의 역할이 별로 없다고 불만을 토로하였다. 강창일 의원실 외(2019/01/09).

정하지 못한다. 국제법 위반 상황이 계속되고 있어 일본은 받아들일 수 없다"고 거부하였다. 또한 청구권협정 3조2항에 따라 중재위원회를 설치하자고 제안하였다. 일본기업의 국내자산이 처분될 경우, 한국 정부에 대해 국제법 위반으로 손해배상을 청구하겠다는 강경 입장을 표명하였다.[138]

2019년 7월 8일 법원 행정처는 일본기업에 '매각명령 신청에 대한 의견서를 60일 이내 서면으로 의견을 제출하도록' 심문서를 보냈다. 60일은 일본 측이 심문서를 송달받은 날로부터 계산하는 바, 7월 14일 일본 외무성에 도착한 것으로 알려졌다. 9월 12일까지 한국법원은 일본제철 측으로부터 심문서를 전달받았다는 확인조차 받지 못했다. 포항 지방법원은 심문서 전달 일정을 통상 기준으로 설정하고, 매각 시점을 정할 방침이었다.[139]

한일 외교당국 간 해법 도출이 진전되지 못함에 따라, 민간 전문가로부터 다양한 해법이 제시되었다. 피해자 구제를 위한 기금이나 재단 설립이 핵심으로, 한일 정부와 기업이 참여하는 2+2안, 한국 정부와 한일 양국 기업의 2+1안, 6월 19일 한국 정부가 제안한 한일 양국 기업 1+1안 등이 있었다. 2+2안은 2010년 양국 법조계인 대한변호사협회와 일본변

---

138) 每日新聞(2019/06/21), "資産売却なら韓国政府に賠償請求へ."
139) 조선일보(2019/09/16), "한일관계 좌우할 日기업 자산처분, 이젠 판사 재량에 달렸다."

호사연합회와 일부 정치권에서 주장된 내용이었다. 1965년 대일 청구권 자금을 받은 한국 정부와 기업, 일본 정부와 기업 4자가 공동으로 책임을 분담하는 형식이었다.

이미 2010년 11월 민주당 이용섭 의원 등 야당의원 16명이 '일제강제동원 피해자 지원재단 설립에 관한 법률안'을 제출한 바 있었다. 2017년 6월 이혜훈 의원 등 10명이 '일제강제동원 피해자 인권재단의 설립에 관한 법률안'이나, 2019년 8월 자유한국당과 바른미래당 일부 의원들이 일본의 야당 중의원들과 함께 강제징용 배상 문제 해결을 위해 2+2안을 골자로 하는 공동 법안을 검토하기도 하였다.

2019년 들어 일본 정부의 입장은 더욱 강경한 자세로 바뀌었다. 총리 관저는 일본기업이 보상에 참여하는 어떤 해법도 수용할 수 없다는 격앙된 분위기가 넘쳐나고 있었다(중앙일보, 2019/10/07). 아베 총리와 문재인 대통령이 15개월 만에 만난 2019년 12월 24일 중국 청두 정상회담에서 '외교당국 대화를 통한 해결에 공감한' 것은 그나마 다행이었다. 아베 총리는 "한국 책임으로 해결하기 바란다"고 기대한 데 대하여, 문재인 대통령은 수출규제가 "7월 1일 이전 상태로 되돌아가도록" 요구하였다.

4. 원칙과 충돌- 대결과 위기

　　　　　　　　　　　　　　　　　한국정부가 사법부 판결 존중
을 이유로 사태를 방치하고 있다고 판단한 일본 정부와 총리관저 내부
의 한국 불신은 깊어지고 있었다. 이낙연 총리가 2019년 5월 15일 정부
개입에 한계가 있다는 기자회견 발언, 지일파인 조세영 외교부 1차관
이 강제징용 대책을 맡게 되면서 기대했지만, 6월 19일 한일 기업간 자
발적인 기금 제안에 크게 실망하였다.[140] 아베 총리와 측근들에게 한국
사법부 판결은 1951년 샌프란시스코 조약 국제질서에 대한 도전이며,
1965년 청구권 협정이라는 국제법을 정면으로 위반한 것이었다. 일제

---

140) 필자와 일본 기업인과의 인터뷰(2019/07/13, 서울).

35년간 불법 점거 하 개인 보상, 삼권분립과 개인 청구권, 피해자의 장기간 소송과 고령화는 전혀 감안하지 않은 채, 한국 정부를 비난하기에 급급하였다.

2019년 7월 4일 일본 정부는 한국 총수출의 20%가 넘는 반도체와 디스플레이의 핵심소재인 플루오린 폴리이미드, 포토 레지스트, 고순도 불화수소를 개별허가 품목으로 전환하였다. 수출관리상의 부적절한 사안이 발생했다는 안보상 이유로 한국을 화이트리스트에서 배제하였다. 일본 정부는 2018년 1월부터 강제징용 대법원 판결과 일본기업의 자산매각을 예상한 구체적인 대책을 준비해 왔다. 총리관저를 중심으로 외무성과 경제산업성 등이 하루에도 수차례 관련 부처간 연락을 주고받을[141] 정도로 치밀한 경제제재를 추진해 왔다.

일본에게 전략적 이익을 공유하는 가장 중요한 이웃나라 한국과의 양국 관계, 미일 동맹과 함께 한미일 안보협력으로 대중, 대북 공조를 중시하는 전통적인 한반도 외교는 완전히 실종되었다. 일본기업에 대한 자산매각 조치가 1년 이상 소요될 것임을 생각하면, 지나친 경제보복이었다. 일본제철 자산매각은 대구지법 포항지원이 심문절차에 착수하면서 1년 이내로 예상되고 있었다. 포항지원 심문서가 일본제철에 도착하고 나서 60일 이내에 서면의견을 제출하도록 되어 있었다. 일단 일본 외무성에 전달되었지만, 외무성은 이를 무시한 채, 일본제철에 아직 송달

---

141) 필자와 일본 외무성 관계자와의 인터뷰(2019/02/08, 도쿄).

조차 하지 않은 상태이었다. 원고단이 매각명령을 신청한 후지코시의 경우, 심문 일정도 결정되지 않은 상태이었다(每日新聞, 2019/07/01).

일본 정부는 수차례에 걸친 한국 측의 제안을 번번히 거부하였다. 6월 19일 한일 양국 기업이 자발적인 기금 출연을 토대로 보상하는 '1+1' 방안을 즉각 거부하였다. 8.15 광복절 직후 청와대는 특사를 파견하여 도쿄에서 고위급 협상이 진행되었다. 일본기업이 먼저 배상한 후 한일 기업과 정부가 기금을 마련해 일본기업에 변상하는 '1+1+알파' 방안도 나왔다. 6.19 제안과 비교하면 한국 정부가 직접 나서는 더 진전된 제안이었다. 10월 23일 이낙연 총리 방일을 앞두고, 한국 정부가 먼저 배상하고 한일 양국기업이 모금으로 변상하는 선후를 바꾼 제안을 내놓았지만 일본 정부는 이마저 부정적인 입장을 보였다.[142]

잇따른 일본의 제안 거부는 말할 것도 없고, 적반하장식 부당한 수출규제에 대해 청와대와 외교부는 크게 반발하였다.[143] 외교부는 10월 1일 홈페이지에 강제징용 문제에 관한 사실관계를 게재하였다. 1951년 샌프란시스코 평화조약에 따른 전후 국제질서를 위협한다는 일본 측 주장은 완전히 허구이며, 일제의 불법점거 하 침략전쟁 수행과 직결된 반인도적 불법행위 배상은 청구권협정에 포함되어 있지 않다고 주장하였다.

---

142) 중앙SUNDAY(2019/10/26), "일본, 한국 정부 보상 후 한일 기업 기금 마련안도 부정적."
143) 매일경제(2019/09/14), "문정인 교수 아사히신문 인터뷰, 지금의 일본은 고압적이고 일방적.", "한일관계 악화 배경에 지도자 간 불신 있어."

한국이 청구권협정을 위반했다는 일본의 주장은 일방적이고 자의적인 것으로, 역사수정주의 정치적 목적을 위한 것인 바, 일고의 가치도 없다고 단언하였다(조진구, 2020, p.331).

한일관계가 냉각된 가운데 2019년 10월 22일 나루히토 일왕 즉위식 참석차 방일한 이낙연 총리는 10월 24일 아베총리를 만나서 문재인 대통령의 친서를 전달하였다. 이낙연 총리와 일본 정재계 인사간 회담, 일본 대학생과의 만남을 통해 한일 간 대화 복원 분위기가 조성되었다. 한일 양국 총리는 현재 악화된 상황을 방치할 수 없으며, 대북 정책에 있어서 한일, 한미일 간 협력이 필요하다는 점에 인식을 공유하였다.

한일 외교 당국 간 협상을 통해, 2019년 11월 22일 일본의 부당한 수출규제와 화이트국가 배제 철회를 조건으로, 한일군사정보보호협정 즉 지소미아가 조건부 연장되었다. 이에 따라, 한일 양국 간 강제 징용 해법과 별도로 수출규제를 논의하는 국장급 정책 대화가 개시되었다. 12월 24일 중국 쓰촨성 청두에서 한중일 정상회담과 동시에 한일 정상회담이 개최되었으며, 수출규제와 지소미아 해법, 그리고 강제징용 문제에 대해 폭넓은 의견 교환이 이루어졌다. 문재인 대통령은 아베 총리와 정상회담에서 속히 수출규제를 철폐하고, 강제 동원 피해자 해법에 대해 양국 간 대화로 풀어나갈 것을 요청하였다.

2019년 12월 이후 한일관계의 최대 쟁점은 강제징용 원고단의 일본기업 자산처분을 사전에 예방하기 위한 해법 모색으로 이전하였다. 2019

년 10월 당시, 대법원과 고등법원 강제징용 승소 피해자 32명, 압류 허가 금액은 25.3억 원이며, 각 사건관할 지방법원에서 매각명령이 나올 경우, 이르면 수개월 내에 피고 일본기업의 자산매각과 이에 따른 현금화가 집행될 예정이었다. 일본 정부는 강력하게 반발하였고, 한일 외교장관 회담이나 국장급 협의에서 한국 측이 원고단을 설득하여 자산처분을 막도록 요구하였다. 국내 법원에서 매각명령이 나오면 일본 측은 즉시 대응조치를 취할 것으로 예상되었다.[144]

　2020년 2월까지 한일 정상회담, 한일 국회의원 간 물밑 대화, 외교부 국장급 협의에도 불구하고 한일 양국은 강제징용 문제에 대한 입장차를 좁히지 못하였다. 한국 정부의 입장은 강제징용 피해자와 일본기업 간 민사소송이며, 사법절차가 진행중으로 정부가 개입하기 어렵다는 점,[145] 대법원 판결을 존중해야 하는 행정부의 입장, 지금까지 정부 주도 재단이나 기금 모두 실패하였고 성공한 전례가 없다는 점, 일본기업이 피고로 20여 년 재판이 참여하여 패소한 것이고 당연히 재판 결과에 승복해야 하는 점을 전제로 두고 있다.[146] 2005년 민관공동위원회 개인

---

144) 필자와 일본 외무성 관계자의 인터뷰(2020/02/07, 서울).

145) 연합뉴스(2020/01/09), 일본 미쓰비시중공업 재판중 252명에서 1명만 승소하여 보상금이 1천만원 확정판결이 났다. 민사소송의 결과가 일본기업에 미칠 금전적 영향은 매우 제한적이라고 볼 수 있다.

146) 연합뉴스(2019/02/13), 이낙연 총리는 누카가 후쿠시로(額賀福志郎) 일한의원연맹 회장과의 조찬에서 사법부의 판결을 존중하며, 일본기업이 재판에 응했으면, 판결을 수용해야 한다고 발언하였다.

보상과 달리, 사법부 판결이 구속하고 있다는 것이다. 다만, 대법원 판결 이행을 전제로 한국 정부가 나서서 한일기업의 공동기금으로 보전해주는 방식은 검토 가능한 대안으로 보고 있는 것으로 알려졌다.[147]

일본 측은 일본기업에 직접적인 손실이 발생하지 않고, 실질적인 부담이 없다면 외교협상이 가능하다는 입장이었다. 모테기 도시미쓰(茂木敏充) 외무대신도 니혼게이자이신문과의 인터뷰에서 "일본기업이 추가 부담을 져야 할 법적인 의무는 전혀 없다."고 언급하였다(이데일리, 2019/10/04). 일한의원연맹 누카가 후쿠시로(額賀福志郎) 회장은 TV아사히에 출연하여 일본기업에 부담을 주는 방안에는 응할 수 없다고 주장하였다. 1965년 한일청구권협정으로 완전히 최종적으로 해결됐다는 일본 정부의 입장이고, 일한의원연맹도 지지하고 있다는 것이다(뉴스1, 2019/09/23).

한일 정상회담을 앞둔 2019년 12월 18일 한국 국회 문희상 의장은 강제징용 문제의 '포괄적 해결'을 목표로 2개의 법안을 13명의 국회의원과 함께 제출하였다. '문희상 안'은 기금의 자발성을 강조하면서 대법원 판결의 간접적인 이행을 추구하고 있다. '문희상 안'은 한국과 일본 기업들의 자발적인 기부금(1+1)과 양국민의 자발적 성금(α)을 더해 '기억·화해·미래재단'을 세워 강제 징용 피해자에게 위자료를 지급하는 것이다.[148] 이에 대해 일본 총리 관저와 일본 국회는 상당한 관심을 보였다.

---

147) 필자와 한국 외교부 관계자와의 인터뷰(2020/01/22, 서울).

일본 언론인은 한국이 수용할 경우, 정부 사죄를 더해서 일본 내 정치적 작업을 기대할 수 있다고 발언하였다.[149]

그러나 강제징용 피해자와 원고단, 정의기억연대 등까지 포함하여 시민단체가 강력히 반발하였다. 일본의 사죄도 없고 전범 기업의 보상도 없이 한일 양국 국민과 기업기금으로 전쟁범죄를 사면하는 것이나 마찬가지라는 주장이다.[150] 2020년 1월 강제징용 피해자 지원단체인 한일 공동행동은 "강제동원 '한·일 공동협의체' 설치"를 제안하였다. 여기에는 한일 양국의 피해자와 원고단, 학계 전문가, 한일 양국기업이 참여하게 된다. 특히 한일 양국 기업이 출연하는 재단을 설립하여 피해자를 구제할 것을 기대하고 있다. 한국 정부는 관심을 보였지만, 일본은 즉각 거부하였다.

외교부는 "강제징용 문제와 관련, 정부는 사법부 판단 존중, 피해자 권리 실현 및 한일 양국 관계 등을 고려하면서 다양한 합리적 해결방안을 논의하는 데 대해 열린 입장"이라고 설명하였다. 한일 공동협의체 제안을 평가한다는 것이다. 그러나 스가 요시히데 관방장관은 "전혀 흥미가 없다"고 거부하였다. '문희상 안'도 추진력이 떨어진데다 청와대도

---

148) 머니투데이(2019/12/29), "일본에서 바라본 문희상 안."
149) 연합뉴스(2020/01/07), "사와다 가쓰미, 현금화 조치 전 실마리 풀 유일한 안은 문희상안."
150) 서울신문 평화연구소(2019/12/27), "양기호, 강제동원 먼저 피해자 수용가능한 안 국내 서 만들어야."

소극적인 입장을 보이면서 국회 통과 여부는 불투명해졌다(每日新聞 2020/01/05).

앞으로 한일 간 외교협상이 실패하여, 일본기업에 대한 자산처분이 강행될 경우, 커다란 외교적 부담이 될 수밖에 없다. 한일 양국은 수출 규제와 지소미아 현안까지 걸려 있는 상태이었다. 한국 측이 일본의 부당한 수출규제를 철폐하고 2019년 7월 1일 이전 복귀를 요구하는 반면,[151] 일본 측은 일본기업의 자산처분 방지에 주요 관심을 두고 있었다. 강제 징용 해법을 둘러싼 한일 간 접점을 찾아내지 못하고 있으며, 상호 관심사도 엇박자가 있어서 단기간에 타협안을 마련하기 어렵고, 일본기업의 자산처분 매각명령이 조만간 나올 수 있다는 우려가 확산되었다.

---

151) 연합뉴스(2020/02/15), "한일 외교장관 회담…강경화 "수출규제 철회, 가시적 조치해야.""

5. 결론과 전망

이 글에서는 한일관계에 최대
쟁점으로 부상한 강제 징용 해법에 주목하면서, 국내변수로서 사법부
판결과 강제 징용 문제가 한일관계의 구조적 변용을 추동하는 과정에
분석의 초점을 맞추어 서술하였다. 한일관계가 영토와 역사문제, 경제
협력과 통상마찰 등에 기인한 양자 관계에서 뿐만 아니라, 국내 변수인
사법부 판결이 한일 간 외교관계에 커다란 영향을 미치는 상황이 일상
화되고 있음을 확인할 수 있었다.

구체적인 과정을 요약하면, 제1단계는 2018년 10월 국내 대법원 판결
이 한일관계 변용을 야기하면서 한일 양국이 각자 주장을 격렬하게 전

개하는 '언설과 갈등'으로 점철되었다. 제2단계는 한국 측이 국제법적 해결보다 국내 해법에 집중하였고, 한국의 2019년 6월 19일 제안을 일본이 거부하면서, 한일 간 '제도와 협상'이 성과를 거두지 못한 채 국내 변수의 한계를 극복하지 못했다. 제3단계는 2019년 7월 4일 일본의 일방적인 수출규제 등으로, 한일 간 극한 대립으로 치달았다. 국내 주요 핵심 액터들이 결국 일본의 사죄와 보상이라는 원칙론으로 귀결되었고, 한일 양국이 통상과 안보 면에서 대립을 거듭한 '원칙과 충돌' 단계로 볼 수 있다.

여기서 주요 논점인 새로운 한일관계의 현상으로서 사법부 판결이 양자관계에 영향을 미치는 특징을 정리하면 다음과 같다. 첫째, 1990년대 민주화와 탈냉전 이후 일본군'위안부'와 강제 징용 문제가 쟁점화되면서 피해자 구제와 보상을 둘러싼 시민단체의 운동이 활발해졌다. 양국 정부의 냉담한 반응에 반발한 시민단체는 사죄와 보상 요구 활동을 벌여 왔고, 사법부에 일제 불법점거 하 발생한 반인도적인 인권침해에 대한 소송을 제기하였다. 2011년 8월 위안부 문제 부작위가 위헌이라는 헌법재판소의 결정, 2018년 10월 강제 징용 대법원 판결은 각각 2015년 12월 한일 위안부합의와 국내 반발, 수출규제와 지소미아 종료선언에 이르기까지 한일 갈등에 직접적인 영향을 미쳤다.

둘째, 사법부 판결은 개인 청구권을 인정하면서, 1910년 강제 병합의 불법성, 1965년 한일청구권협정의 성격에 대해 한국 정부의 입장을 요구하고 있다. 2018년 10월 대법원 판결로 인하여 한일 양국은 1910년 일제 강제 합병의 성격 등, 주요 쟁점을 재차 다루게 되었다. 사법부 판결을 거쳤다는 점에서 강제 징용은 일본군'위안부'의 외교 쟁점화와 유사하지만, 피해자 구제 범위와 해법이 훨씬 더 광범위하며, 복잡하고 심층적이라는 점에서 크게 다르다. 일본 정부가 한국 측에 청구권 협정 준수를 요구하면서 어떤 사죄와 보상도 거부하고 있다는 것도 일본군 '위안부' 문제와 다른 점이다. 일본 측이 오히려 우위에 서서 한국 측에 국제법을 준수하라거나, 국내 입법 조치를 요구하는 점도 매우 다른 특징이다.

셋째, 기존의 한일 갈등 요인과 달리 강제 징용 쟁점은 사법부 판결이 역사 갈등으로, 역사 갈등이 통상과 안보 갈등으로, 더 나아가 국민 상호 간 반감으로 증폭된 점이 사뭇 다르다. 수출규제와 지소미아 문제는 한일 국장급 정책 대화, 조건부 연기 등으로 위기관리에 들어갔지만, 강제 징용 문제는 아직까지 쟁점으로 남아 있다. 한국의 사법부 판결 존중, 삼권분립 원칙, 개인 청구권, 피해자 중심주의 vs 일본의 국제조약과 청구권 협정 준수, 국내 입법 조치로 한국 측이 처리해야 한다는, 대립 구도를 보이면서 상대방에 귀책 사유가 있음을 각각 주장하였다.

한일관계의 현실적인 해법은 국내 피해자와 원고단과 한국 정부 간 대화와 소통할 수 있는 국내 거버넌스 체제를 구축하는 것이 중요하다. 이것을 전제로 한일 양국이 합의 가능한 해법 도출 프로세스를 구축하고, 최종적으로 양국 정부와 국민들이 수용 가능한 해법을 도출하는 것이다. 한일 간 강제 징용 쟁점을 둘러싼 갈등은 결국 청구권 협정과 대법원 판결 사이의 간극이며, 국내 변수가 양국 관계를 규정하고 있기 때문이다.

참고문헌

고바야시 소메이(2019), "일본 중앙지 사설을 통해서 본 한일관계", 『JPI 정책포럼』, NO. 2019-07, pp.1-19.

국무조정실(2018/10/30), "강제징용 대법원 판결 관련 대국민 정부 입장 발표문", 기미야 다다시 저·손석의 역(2013), 『일본의 한반도 외교』, 제이엔씨.

김도형(2015), 『한일관계 1965-2015: 경제』, 역사공간..

남상구(2019/12/14), "한국인 강제동원 피해관련 기초자료", 『제4회 역사화해를 위한 한일포럼』, 동북아역사재단, pp.17-21.

조윤수 외(2019), 『한일협정과 한일관계-1965년 체제는 극복 가능한가』, 서울: 동북아역사재단.

대법원 2018.10.30. 선고 2013다61381 전원합의체 판결. "일제 강제동원 피해자의 일본기업을 상대로 한 손해배상청구 사건 판결문".

강창일 의원실 외(2019/01/09), 『강제동원 문제 해결을 위한 한일 전문가 정책토론회』 보고서.

문정인·서승원(2013), 『일본은 지금 무엇을 생각하는가』, 삼성경제연구소.

박철희(2014), 『동아시아 세력전이와 일본 대외전략의 변화』, 동아시아재단.

양기호(2019/05), "문재인정부 한일 갈등의 기원-한일 간 한반도 비핵화와 동북아외교 격차를 중심으로", 『일본학보』, 제119집, pp.209-228.

이면우(2017), 『위안부합의와 한일관계』, 세종연구소.

이원덕(1996), 『한일과거사 처리의 원점』, 서울대학교출판부.

장박진(2009), 『식민지 관계청산은 왜 이루어질 수 없었는가』, 논형출판사.

조세영(2019/07/08), 『한일비젼포럼』, 발표내용(비공개).

조양현(2017), 『동아시아 국제질서 변화와 한일 과거사 문제: 과거사문제의 다자화 및 전략화가 한일 관계에 주는 함의』, 동북아역사재단.

조진구(2020), 『한일관계 기본문헌집』, 늘품플러스.

진창수(2012), 『일본 국내정치가 한일관계에 미친 영향-민주당 정권을 중심으로』, 세종연구소.

Victor Cha(2000), *Alignment Despite Antagonism: The United States-Korea-Japan Security Triangle*, Stanford University Press.

木村幹(2014),『日韓歴史認識問題とは何か』, ミネルヴァ書房.

朴慶植(1965),『朝鮮人強制連行の記録』, 未來社.

李鍾元(1996),『東アジア冷戦と韓日米関係』, 東京大学出版会.

玄大松(2006),『領土ナショナリズムの誕生, 獨島／竹島問題の政治学』, ミネルヴァ書房.

문재인 정부와 한일관계

갈등을 딛고 미래지향적 협력을 추구한 5년의 기록

제6장

윤석열 정부
대일정책의
한계와 실패

윤석열 정부의 대일 외교는 강제 징용 해법에서 크게 양보하면서 한일관계 개선과 한미일 안보협력에 성공하였지만, 많은 한계와 실패를 드러내고 있다. 윤석열 대통령은 2023년 3월과 5월 두 차례 도쿄와 서울에서 한일 정상회담을 통하여 한국 측의 일방적인 '통큰 양보'로 강제 징용 문제의 해결을 시도하였다. 일본 정부나 피고 기업의 사과나 보상이 전혀 없이, 오로지 한국 측의 완전한 부담을 전제로, 일제하강제동원피해자지원재단을 대리인으로 피해자에게 보상금을 지급하는, 제3자 채무변제를 추진한 것이다.

그러나 보상금 수령을 거부한 피해자와 유족, 그리고 시민단체와 야당, 국민들의 반대가 거세지면서 사실상 실패로 끝났다. 전국의 12개 지방법원은 강제징용 피해자 또는 유족을 대상으로 한 정부의 제3자 변제 공탁[152] 신청을 모두 기각하였다(연합뉴스, 2023/08/16). 한국 정부는 다시 한번 법원 공탁관의 불수리 결정에 이의를 신청했지만 전부 기각되었고 항고 절차에 들어갔다. 강제 동원 피해자와 유족 등 4명이 2023년 3월 24일 대전지법에 신청한 미쓰비시중공업의 한국 내 특허권 압류 명령에 대해 법원은 압류를 결정하였다. 피해자를 무시한 한국 정부의

---

152) 제3자 변제 공탁은 이해관계가 있는 제3자가 채무를 갚으려고 하는데 채권자가 받기를 거부하거나 받을 수 없을 때, 그 돈을 법원에 일단 맡기는 제도이다. 전주지방법원은 대법원에서 승소한 강제징용 피해자가 반대하고 있어서, 피공탁자인 유족의 명백한 반대의사가 확인되어, 민법 제469조 제1항에 따른 제3자 변제 요건을 갖추지 못한다"고 설명하였다.

일방적이고 무리한 해법에 사법부의 제동이 걸린 셈으로 볼 수 있다.

반면, 일본 정부나 피고 기업의 진정한 사죄나 보상은 전혀 없었다. 한국의 '통큰 양보'로 일본 측이 '물컵의 절반을 채울 것'으로 발표했던 외교부 주장이 무색할 정도이다.[153] 대부분 국민이 우려하는 후쿠시마 오염수 방류 수용은 물론이고, 사도광산의 유네스코 문화유산 등재 등에서 한국 정부는 일방적인 양보를 거듭해야 할지도 모른다. 한미동맹과 한미일 협력하에 신냉전을 한국 외교 스스로가 자초하고 있다는 지적도 높다. 한국이 주도하는 한미일 안보협력은 북한의 강한 반발을 사고 남북대화가 완전히 중단되었다. 한국의 분명한 입장 표명으로 우크라이나 전쟁과 타이완 문제에서 러시아, 중국은 한국을 비난하고 있다. 지속 가능한 한일관계를 위해 균형 잡힌 대일 외교를 전개해야 하며, 가치동맹에 매달리기보다는 국익과 평화의 관점에서 외교적 유연성을 확장해야 한다.

---

153) 뉴시스(2023/03/06), "박진 외교부장관, 물컵에 절반 이상 찼다…日호응 따라 더 채워질 것."

1. 불안정한 한일관계의 현상과 쟁점들

우크라이나 전쟁의 내부 요인으로 외교정책을 둘러싼 국내 갈등을 지적하는 경우가 많다. 친러시아 정책을 유지하던 우크라이나는 마이단 혁명을 거치면서 2014년 유럽연합과 북대서양조약기구(NATO) 가입을 추진하는 등, 반러시아 정책으로 크게 선회하였다. 러시아는 크림반도를 합병하였고 친러정권을 세우고자 2022년 2월 우크라이나를 침략하였다. 동북아의 국제정치나 지정학적 여건은 다르지만, 한일관계에 시사하는 점은 매우 크다. 외교 전략의 전환이 지나치게 빠르고 유동적이고, 불안정하다는 점이다.

문재인 정부에서 윤석열 정부로의 정권교체 이후, 대외정책 가운데 특히 한일관계의 급전환이 일어났고 이를 둘러싼 국내 갈등과 대립이 격화되고 있다. 윤석열 정부를 지지하거나 반대하는 가장 큰 요인이 '외교' 정책이고, 그것도 동일한 외교 행위에 대한 상반된 시각에서 나온 것이다. 한국갤럽이 취임 1주년을 맞이하여 2023년 5월 실시한 여론조사에 따르면, 대통령 직무수행에 대해 긍정 평가 37%나 부정 평가 32%, 모두 찬반 이유로 '외교'를 들고 있다.[154]

한일 갈등의 최대 현안이었던 강제 징용 쟁점에 대해 윤석열 정부는 피고인 일본기업과 일본 정부의 사법적 도덕적 책임을 제거한 면죄부를 선물하였다. 이에 대해 미일 양국은 '통큰 양보'를 크게 환영하고 있으며, 웃음을 감추지 못하고 있다. 일본 국내에서 윤석열 대통령에 대한 평가는 매우 높아졌고, 기시다 총리의 지지율을 올리는 데 기여하였다. 2023년 1월 33%에 머물렀던 내각 지지율은 3월과 5월 각각 도쿄, 서울에서 열린 한일 정상회담을 거친 뒤, 46%로 크게 뛰었다. 과거사 쟁점이 상당 부분 해소되면서 한일 간 수출규제와 지소미아가 회복되고, 초계기 사태도 마무리되었다. 한일 양국의 재계나 기업인들의 상호교류도 활발해지고 있다.

2023년 3월 17일 윤석열 정부는 도쿄 방문과 한일 정상회담을 통하여 셔틀 외교 복원, 수출규제 갈등 봉합, 지소미아를 복원시키는 데 성공하였다. 일본 정부는 2023년 6월 23일 한국을 화이트리스트에 복원하는

---

154) 뉴스1(2023/05/10), "취임 1주년…尹 지지율 38.5%, 외교분야 23.9% 가장 높아."

'수출무역 관리령' 개정안을 각의에서 결정하였다. 일본이 2019년 7월 불화수소, 플로우린폴리이미드, 포토레지스트 등 반도체 3대 핵심 소재의 한국 수출 규제에 나선 지 4년 만이다.[155]

표면적이고 일시적인 한일관계의 개선은 한일 정부 간 교섭과 사법부의 피해자 구제의 축적된 성과를 희생시킨 것이었다. 강제징용 제3자 채무변제, 일본기업에 대한 구상권 포기, 피해자에 대한 2차 가해 등, 왜곡된 해법은 지금까지 수많은 노력을 허물어뜨렸다. 식민 지배의 책임을 제대로 묻지 못한 채 진행된 1951년 샌프란시스코 체제의 한계를 극복하고자, 한일 양국 정부와 시민들이 수십 년에 걸쳐 쌓아 올린 역사화해의 성과, 과거사 인식의 점진적인 공유, 오랜 피해자의 법정 투쟁과 대법원 판결까지 배제한 것이었다. 일본의 한반도 침략에 따른 역사적 트라우마와 피해자의 목소리를 충분히 반영하지 않은 탓에, 윤석열 정부의 돌발적이고 일방적인 외교에 대한 반발과 비판이 높아졌다.

한국 정부가 한일관계 회복을 위해 강제징용 피해배상 문제에 대해 일본 기업 대신 우리 기업들이 대신 배상하는 '제3자 채무 변제안'를 발표한 것에 대한 찬반 여부를 물은 결과, 반대한다는 의견이 59.7%로 나타났다. 찬성한다는 의견은 32.2%로 반대 의견이 압도적으로 높은 것으로 나타났다. 아래 〈그림 8〉을 보면 알 수 있듯이, 반대 의견이 찬성보

---

155) 중앙일보(2023/06/27), "日, 4년 만에 '화이트리스트' 복원…한국 수출 3개월→
1주일."

다 거의 2배 가까이 육박하고 있다.

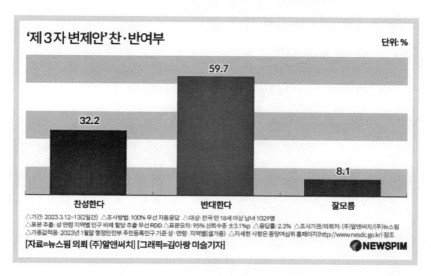

윤석열 정부는 미중 갈등에서 확실하게 미국 편에 서서 주변국에 강경한 메시지를 발신하고 있다. 타이완 문제에 개입하거나, 우크라이나 군사 지원을 언급하면서 중국과 러시아와 적대관계를 유발하고 있다. 현재의 일시적인 한일관계 봉합은 한미동맹과 미일동맹을 전제로, 한미일 안보협력을 추진하는데 최대 장애물인 한일 간 과거사 쟁점을 제거한 것이었다. 자유와 반공의 가치동맹을 토대로 맹목적인 한미일 연대

---

156) 뉴스핌(2023/03/15), "[여론조사] '제3자 변제' 강제징용 배상안…반대 59.7% vs 찬성 32.2%."

는 북중러의 반사적인 결합을 부추기고 있다. 동북아 국제정세의 변화에 가장 취약한, 분쟁 가능성이 가장 높은 지역인 한반도에 있어서, 한국 정부가 신냉전을 유발시키는 주역이거나 적어도 조역 이상인 것은 아이러니한 현상이 아닐 수 없다. 강대국에 둘러싸여 지정학적으로 불리한 요충지인 한국 외교의 역할이 평화의 가교에서 대립의 첨병으로 완전히 바뀌었다.

외교 목표가 불분명한 한미일 연대를 추종하는 한국판 네오콘의 시각은 미일동맹의 종속변수로서 한미동맹을 유지하기 위해, 한일관계를 모범적으로 '관리'해야 한다는 강박증과 일치하고 있다.[157] 한일관계는 항상 우호적인 관계로 남아야 하고, 한국 측 부담하에 갈등은 제거되어야 한다. 한국 정부나 국민이 일방적으로 불리하거나 엄청난 피해를 받아도 윤석열 정부는 일본 쪽 주장과 논리를 대변하기를 주저하지 않는다. 자발적인 양보를 통해서 '협력' 상태를 유지하고자 한다. 일본에 발목 잡힌, 모순적이고 불합리한 대일 외교 트랙 속에 스스로 감금되기를 자청하고 있다.

강제징용 해법의 모순과 한계에 잇달아 후쿠시마 오염수 방류가 새로운 숙제로 등장하였다. 일본 정부는 2011년 3월 동일본대지진 사고로 누출된 방사능 피폭물을 씻어낸 핵오염 냉각수 130만톤을 28년간에 걸쳐서 방출할 준비를 마쳤다. 후쿠시마 해안에서 잡힌 우럭은 세슘 기준

---

157) 경향신문(2023/05/09), "문정인 교수, 네오콘이 한국에서 환생한 느낌."

치 180배가 넘었다. 후쿠시마 어민과 수협, 중국과 한국, 태평양 도서국은 오염수 방류에 반대하고 있다. IAEA 보고서를 근거로 안전하다는 일본 정부 주장은 쉽사리 받아들여지지 못하고 있다. 한국일보-요미우리 신문 한일 공동 여론조사에서 84%가 넘는 한국민이 반대하는데도 불구하고, 한국 정부는 과학적으로 안전하다는 일본 측의 주장에 적극 동조하고 있다. 사도광산 유네스코 등재는 말할 것도 없고, 독도 영유권 문제와 야스쿠니 참배에도 소극적인 대응을 보일 가능성이 높다. 한국 정부인지 일본 정부인지 헷갈린다는 비판마저 나오고 있다.

2. 특히 강제징용 해법과 후쿠시마 오염수

2018년 10월 대법원은 전원합의체로 일본제철, 미쓰비시중공업이 강제동원 피해자에게 각각 1억 원씩 정신적 위자료를 지급하라는 원고 승소 판결을 잇달아 내렸다. 문재인 정부는 다양한 채널을 통해서 일본 측과 대화를 진행하였다. 청구권협정을 존중하면서 피고 기업과 포스코를 비롯한 수혜기업이 공동모금을 통해서 피해자에게 지급하자고 제안했지만, 일본 측은 즉시 거절하였다. 오히려 아베정권은 2019년 7월 수출규제를 단행하여 경제보복 조치를 하였다. 이에 대해 한국 정부는 한일 간 군사정보보호협정, 즉 지소미아를 중단하였다. 냉각된 상태의 한일관계를 개선하고자 문재인 정부는 지속적인 노력을 거듭하였다.

　윤석열 정부는 취임 후 한일관계 개선을 중시하면서 일본 측에 '통큰 양보'를 제안하면서 적극적으로 접근하였다. 강제동원 피해자, 지원단체와 수차례 형식적인 민관위원회를 개최한 뒤에, 2023년 3월 제3자 채무변제 해법을 발표하였다. 이것은 일본 피고기업의 책임을 면제하고 한국과 일본기업들의 자발적인 기부금으로 행정안전부 산하 일제하강제동원피해자지원재단이 원고에게 지급한다는 것이었다. 피해자와 야당은 대법원 판결을 무시하며 일본 피고 기업의 책임을 면제하고, 한국 기업들이 지급하는 '굴욕외교'를 철회하라고 요구하였다. 청구권자금의 수혜기업이었던 포스코가 40억 원을 출연하였고, 다수 유가족이 보상금을 수령하였다. 그러나, 생존자 3명과 유가족 2명은 부당한 해법을 거부하고 있으며, 전범기업 자산 현금화가 진행될 가능성이 남아있다. 실제로 외교부의 공탁 신청은 잇달아 기각되면서 윤석열 정부의 강제징용 해법은 사실상 파탄난 상태이다.[158]

　2023년 3월, 도쿄에서 열린 한일 정상회담에서 윤석열 대통령은 일본 기업에 대한 구상권을 행사하지 않겠다고 선언하였다. 대법원 판결을 현직 대통령이 부인하는 어처구니없는 발언에 대해 야당과 피해자들은 더욱 반발하였다. 한국민들도 제3자 채무변제를 둘러싸고 반대가 찬성

---

158) 한겨레신문(2023/08/16), "강제동원 피해 판결금 '정부 우격다짐 공탁'에 법원이 제동."

보다 두 배 가까이 높았다. 자발적인 일본기업의 기부라는 선의에 기대했지만, 반응은 아예 없었다. 피고 일본기업은 1910년 강제 병합이 합법이었고 강제 동원이 없었다는 일본 정부 입장에 따라, '강제' 용어가 들어간 일제하강제동원피해자지원재단에 단돈 1엔도 출연하지 않았다. 한일 양국의 재계 단체는 각각 10억 원씩 공동 출연하여 '미래청년기금'을 설치하기로 하였다.

　과거사에 대한 공식적인 사죄도 나오지 않았다. 역사인식의 측면에서 일본 정부의 대응은 거의 바뀌지 않았다. 1998년 10월 기념비적인 김대중·오부치 공동선언에서 나온 '식민지배로 인한 다대한 고통과 피해에 대해 일본 측의 통절한 반성과 사죄'는 구체적인 문구로 재확인되지 않았다. 전후세대의 사죄를 거부한 2015년 8월 아베 담화와 뒤섞이면서 일본의 기존 역사 인식조차 애매한 상태로 변질되었다. 두달 뒤 서울에서 열린 셔틀회담에서 기시다 총리의 과거사 인식은 역부족이었다. 일본 정부의 공식적인 사죄와 보상은 배제한 채, '마음이 아프다'는 개인 감정으로 포장하였다. G7 히로시마 서밋트에서 한일 정상의 위령비 공동참배는 지나치게 가식적이었다. 수만 명이 넘는 한국인 원폭 피해자에 대한 조사를 거부하면서, 위령비에 참배한 것은 진정성을 느낄 수 없기 때문이다.

　후쿠시마 오염수 문제는 과거사 쟁점에 비해 더욱 심각한 사태이다. 강제 징용과 일본군위안부 쟁점이 과거사 문제라면, 오염수는 현재와 미래 세대에 악영향을 미칠 수 있다. 후쿠시마 오염수가 방류될 경우, 부산과 경남, 전남과 제주 등에서 수산업 종사자와 어민들은 약 4조 원에 달하는 피해를 입을 것으로 추산된다. 수년 내 한국 연안에 도달하는 후쿠시마 오염수는 세계 최대 1인당 수산물 소비국인 한국인의 식탁을 위협할 것이다. 후쿠시마 원전 근처에 추가로 물탱크를 설치할 수 있음에도 일본 정부는 오염수 방류 절차를 강행하고 있다. 윤석열 정부는 일본 측에 강력한 방류 철회를 요구하기는커녕, 한국 야당과 언론을 괴담 생산·유포자로 비난하고 있다. 자국민의 건강 주권을 무시한 대일 외교는 지속가능성을 담보하기 어렵다. 출발점이 비틀린 왜곡된 한국의 대일 외교는 강제동원 피해가 분명한 사도광산의 유네스코 등재에서 일본 정부에 또다시 면죄부를 줄 가능성이 높다.

3. 한미일 관계의 작용과 반작용

                  윤석열 정부는 미중 갈등에서
균형 외교를 포기하고, 전례 없는 대북 압박과 긴장 조성, 타이완 문제
와 우크라이나 개입 발언 등으로 중국과 러시아와의 관계를 크게 악화
시켰다. 한미일 vs 북중러 간 동북아의 신냉전 대립 구도를 자발적으로
구축하였고, 한국 외교를 신냉전의 최전선에 내몰고 있다. 윤석열 정부
의 한미일 안보동맹 구축은, 미국 주도 냉전 반공 네트워크의 재현을 연
상케 하고 있다.

  미국과 일본은 대북 공조, 과거사 외면하는 윤석열 정부를 환영하며,
한미일 안보협력을 강력히 추진하고 있다. 미일 동맹 강화와 한미일 군

사협력, 가치동맹의 네트워크 구축, 대중국 경제 안보 연계망, 미·일·인·호 쿼드(QUAD)와 인도·태평양 전략에 한국 참여, 아시아판 NATO 추진, G7에서 G8으로 한국의 서방 진영 편입 이슈화 등이 두드러지고 있다. 미중 갈등은 타이완사태와 기술 패권 경쟁으로 첨예한 대립을 보이고 있고, 중간에 끼인 한국은 외교와 통상 모두 위기를 맞고 있다.

기시다 총리는 아베 전 총리에 이어 헌법개정을 가장 중요한 정치적 과제로 삼고 있으나, 2023년 9월 들어 지지율 25%로 크게 떨어졌다. 2022년 12월 일본은 적기지 반격능력 보유, 5년간 방위비 2배 증액을 골자로 하는 '국가안보전략', '국가방위전략', '방위력 정비계획'의 3대 안보전략 문서를 개정하였다. 우크라이나 전쟁과 타이완 분쟁 가능성, 북한 핵과 미사일 고도화를 배경으로, 평화헌법의 정신을 무시한 채 북한 미사일 기지와 지휘통제소에 대한 선제타격도 가능해졌다. 북한과 중국을 겨냥한 사거리 1,250킬로 이상의 토마호크 미사일 대량 구매와 마하 5 이상 극초음속 미사일 개발을 서두르고 있다. 한국과 미국, 일본은 각각 북한의 핵과 미사일 발사시 선제 타격을 전제로 하고 있어서, 한반도에서 우발적인 분쟁 가능성도 배제할 수 없다. 북한 핵과 미사일 정보 실시간 공유, 한미 핵협의체인 NCG(Nuclear Consultative Group)에 일본 참여가 진행되면 대립과 갈등이 격화될 것이다.

한국 외교는 대북·대중·대러 관계가 크게 악화되었고, 동북아 외교에서도 주도권을 상실하였다. 일본은 연내 한중일 정상회담을 추진하겠다고 밝혔고, 2023년 3월과 5월 두 차례에 걸쳐서 동남아지역에서 북한과 접촉하는 등, 유연성이 크게 떨어진 한국 대신 '상황 관리'하면서 동북아 국제정치를 주도하고 있다. 미국도 중국과 대화 분위기 조성에 나섰고, 프랑스 마크롱 대통령은 중국과 관계 악화를 우려하여 북대서양조약기구(NATO)의 도쿄사무소 설치를 반대하고 있다. 2023년 3월 중국은 프랑스와 이탈리아, 베트남을 포함한 단체여행 가능한 40개국을 발표했지만, 한국은 제외하였다. 2018년 558억 달러에 달했던 대중국 무역흑자는 2023년 들어 7월 말까지 100억 달러 이상 적자를 내고 있다. 윤석열 정부가 집권한 해에 한국은 사상 최대치인 472억 달러 무역적자를 냈는데, 일상적인 대중 무역흑자가 완전히 사라진 탓이 컸다. 양국 정부가 서로 대사를 초치하여 항의할 정도로 한중관계는 악화 일로를 걷고 있다.

　미중갈등 속에서 한국의 주력산업인 반도체와 자동차 산업은 새로운 대안을 찾아야 한다. 미국은 향후 10년간 중국내 반도체공장에 신규 설비투자를 제한하고 있는데, 이는 한국의 대기업에 커다란 부담이 되고 있다. 동북아지역 내 안보 위기가 거론되면서 유럽 각국도 자구책을 모색하고 있다. 독일 최대 반도체 기업인 인피니언은 약 50억 유로를 투자하여 드레스덴에 신규 공장을 건설하고 있다. 착공식에는 폰데어라이엔 유럽연합 집행위원장이 참석하였고, 우크라이나 사태를 경험한 유럽 각국이 '지정학적 위험이 높은 한국과 타이완 반도체에만 계속 의존할 수

없다'는 인상 깊은 발언을 남겼다.[159]

---

159) 해럴드경제(2023/05/06), "한국 반도체 진짜 큰일났다?" 일본 50조·독일 7조 '쩐의 전쟁' 반격."

4. 여전한 과제들, 그리고 한일관계의 방향

맹목적이고 일방적인 한미일 안보협력과 대북 제재, 대중 포위망 참여와 인도·태평양 전략은 한국의 외교적 부담을 높이고 있다. 대화 없는 대북 압박과 제재, 한일 간 과거사 쟁점의 불안정성, 일본의 후쿠시마 오염수 방류와 사도광산 유네스코 등재 시도 등의 변수는 가까운 시일 내에 한국 외교의 리스크로 작용할 가능성이 크다. 벌써 일본에 밀린 한국의 경제성장, 대중 무역적자 누적 등으로 경제 상황이 크게 악화되고 있다. 신냉전의 최전선에서 중국, 러시아와 대립각을 세우고 남북대화는 실종된 채, 경제와 무역 실적은 더욱 악화되고 있다. 한미일 동맹강화와 달리, 대일 외교의 정부-국민 간 공감대는 더욱 약화될 것이다.

한일관계는 일본의 일방적인 후쿠시마 오염수 방출과 사도광산 유네스코 등재 추진으로 국내 지지도가 더욱 떨어질 수 있다. 일본 정부의 결정에 수동적으로, 긍정적인 반응으로 일관하는 한국 외교의 도식이 고착화되고 있다. 한국 외교가 한미동맹과 한미일 안보협력을 담보하기 위해 일본 정부의 결정을 지지해야 하는 자기모순에 빠져 있다. 심지어 그런 사실조차 자각하지 못하고 있는 것이 아닌가 하는 의구심이 들 정도이다.

2023년 7월, 일제하강제동원피해자지원재단이 신청한 피해자 대상 제3자 채무변제를 위한 무리한 공탁 시도는 광주와 전주를 비롯한 각 지방법원에서 불수리 결정을 받았다. 왜곡된 시나리오를 추진하던 정부가 사법부에 거부당한 셈이다. 서울고등법원은 2심에서 일본 정부가 일본군위안부 피해자에 1인당 2억 원씩 지불하도록 배상금 청구 금액을 그대로 인정하는 판결을 내렸다. 피해자를 배제한 불합리한 과거사 해법이 사법부 판결을 통해 거부당한 셈이다. 2023년 11월 미국 샌프란시스코에서 열린 APEC 정상회담에서 미중, 중일 양국은 정상회담을 통해 각각 상호갈등을 관리해 나가자는 합의를 도출한 반면, 중국 시진핑 주석은 한국의 윤석열 대통령과의 정상회담을 거부하였다. 중국과 북한, 러시아에 거부당하고 나홀로 고립된 한국 외교에 비하여 일본과 미국은 북한과 중국을 상대로 활발한 외교 협상을 벌이고 있다.

후쿠시마 오염수는 국제원자력기구(IAEA) 보고서와 일본 정부의 발표에도 불구하고 안전성이 담보되지 못하고 있다. 현재와 미래 세대의 건강 주권, 해양주권이 걸린 문제로 한국 정부는 즉시 일본 측에 오염수 방류 중단을 요구해야 한다. 태평양 도서국은 일본을 국제해양법재판소에 제소하고자 검토 중이다. 한국 정부는 후쿠시마 오염수의 '안전'과 '안심'이 동시에 확보될 때까지 일본 측에 방류중단을 강력히 요구해야 한다. 형식적인 후쿠시마 원전 시찰에 그치지 말고, 오염수 실태에 대해 한일 공동 조사와 연구를 추진해야 한다.

국내 지지를 토대로 안정적인 한일, 한미일 관계를 구축하고, 중국 러시아, 북한과 균형 잡힌 주변국 외교를 추진해 나가야 한다. 미중 갈등과 우크라이나 전쟁, 인도·태평양 전략을 비롯한 글로벌 외교 레짐의 격변 속에서 한국의 국익을 최우선으로 '글로벌 중추 국가'를 모색해야 한다. 복합적이고 중층적인 국제정치의 현장에서 지속 가능한 대일 외교의 방향을 모색해야 할 때이다. 가치동맹에 매달리기보다는 국익과 평화의 관점에서 외교적 유연성을 확장해야 한다.

문재인 정부기
한일관계 주요 일지

2017년 5월 11일	문재인 대통령 취임 후 아베 총리와 전화 통화
2017년 5월 17일	문희상 의장을 단장으로 한 대일 특사단 파견
2017년 6월 10일	니카이 도시히로 자민당 간사장 특사 방한
2017년 7월 7일	독일 함부르크 G20 회의에서 문재인·아베 한일 정상회담
	문재인 대통령이 한반도 평화 구상인 신베를린 선언을 발표
2017년 7월 31일	한일 일본군위안부 피해자 합의 검토TF 출범
2017년 9월 7일	러시아 블라디보스토크 동방경제포럼에서 한일 정상회담
2017년 9월 22일	문재인 대통령, 유엔에서 한미동맹에 비해 일본은 동맹국 아니며, 한미일 군사훈련도 거부
2017년 10월 22일	일본 총선거에서 아베 총리는 북한의 핵·미사일 위협과 저출산 고령화가 일본이 당면한 두 개의 국난이라고 주장
2017년 11월 5~8일	트럼프 미국 대통령, 한국과 일본 국빈 방문
2017년 11월 6일	미일 정상이 도쿄에서 대북 압박과 제재 강화에 일치
2017년 12월 27일	한일 간 위안부합의에 대한 검토 보고서 발표
2017년 12월 31일	2017년 1년간 한일 외교장관 회담 13회, 국방장관 회담 6회에 달할 정도로 양국 간 소통 강화됨
2018년 1월 8일	한국 외교부, 2015년 한일위안부합의 존중을 발표, 그러나 피해자문제의 진정한 해결책이 될 수 없다고 지적함
2018년 2월 9일	평창올림픽에서 한일 정상회담, 대북 제재와 과거사 문제로 이견을 노출
2018년 3월 12일	서훈 국정원장 대일 특사 파견

2018년 3월 15일	제11차 한일 안보정책협의회
2018년 4월 27일	판문점에서 11년만에 남북정상회담, 판문점 선언 발표
2018년 5월, 9월 등	3회 남북 정상회담 개최
2018년 5월 9일	도쿄에서 한중일 정상회담, 대북정책과 납치자 문제에 한일 정상 간 상호 공감
2018년 5월 19일	청와대의 일본 달래기로, 저팬 패싱없고, 북일관계 개선에 협조, 납치자문제 지지 보도가 나옴
2018년 6월 12일	싱가포르에서 도널드 트럼프 대통령과 김정은 위원장간 한국전쟁 이후 첫 북미 정상회담 개최
2018년 7월 11일	1990년 설립된 한국정신대문제대책협의회와 2016년 설립된 일본군성노예제 문제 해결을 위한 정의기억재단의 2개 단체가 통합해 정의기억연대로 출범
2018년 8월 16일	한일 문화인적교류 활성화 TF 결과보고서 제출
2018년 9월 25일	유엔총회에서 한일 정상회담, 문재인 대통령이 아베 총리에게 기능부전과 국내 요구로 화해치유재단 해산의 불가피성을 설명
2018년 10월 8일	김대중·오부치 21세기 한일 파트너십 공동선언 20주년
2018년 10월 10일	제주 국제관함식에 일본 해상자위대 욱일기 게양이 쟁점화, 결국 일본은 불참을 선언
2018년 10월 19일	아셈(ASEM) 정상회담에서 한반도 비핵화를 둘러싸고 한일 양국의 입장차가 두드러짐. 아시아와 유럽 51개국 정상은 완전한 북한 비핵화(CVID)를 결의
2018년 10월 30일	신일철주금(현재 일본제철)을 상대 소송에서 강제징용 피해자에게 각 1억원씩 배상하도록 대법원 최종 승소 판결
	강제징용 대법원 판결에 대한 국무총리실 대국민 입장 발표, 사법부 판단을 존중하며 한일관계 개선에 노력을 표명
2018년 11월 6일	고노 타로 일본 외무대신, 한국 대법원 판결을 국제적인 폭거이며, 국제질서에 대한 도전으로 크게 반발
2018년 11월 21일	여성가족부, 설립 30개월 만에 화해치유재단 해산 결정
2018년 11월 29일	대법원, 미쓰비시중공업이 강제징용 피해자에 배상하라고 판결. 일본기업은 이행 거부
2018년 12월 20일	일본 해상자위대 초계기가 저공비행, 일본 측은 한국 구축함이 조사(照射)했다고 주장, 한일 해군간 갈등으로 비화
2018년 12월 31일	한일 인적 교류 1,050만명, 물적 교류 850억 달러에 달해 역대 최고치를 기록

2019년 1월 29일	아베총리가 국회 시정방침 연설에서 아예 한국을 언급조차 하지 않음
2019년 2월 28일	하노이에서 열린 제2차 북미 정상회담이 사실상 결렬
	아베 총리는 트럼프 대통령의 결정을 지지한다고 발언
2019년 5월 1일	강제징용 피해자와 원고단이 일본기업 자산에 대한 압류처분 신청을 법원에 제출
2019년 5월 15일	이낙연 총리, 강제동원 피해자와 일본기업 간 민사소송에 한국 정부가 개입하는데 한계가 있음을 인정
2019년 6월 19일	조세영 외교부 1차관이 일본과 협상 후 한일 기업의 자발적 출연금으로 재원 조성 제안, 그러나 일본 정부는 즉각 거부
2019년 7월 1일	일본의 대한국 수출규제 결정, 반도체 핵심 소재 3개 품목에 적용. 일본의 화이트리스트에서 한국을 제외, 한국도 이에 맞대응
2019년 7월 2일	노 저팬(No Japan) 운동, 인터넷에서 시작된 일본상품 불매 운동이 확산됨
2019년 8월 22일	한국 정부, 한일 간 군사정보보호협정 GSOMIA 종료 결정
2019년 9월 11일	한국 정부, 일본의 수출규제에 대해 세계무역기구(WTO) 협정 위반으로 제소
2019년 10월 24일	이낙연 국무총리가 나루히토 일왕 즉위식에 참석
2019년 11월 17일	중국 허베이성 우한시에서 코로나19 첫 발생
2019년 11월 22일	강제징용 쟁점과 지소미아 1차 한일 봉합, 지소미아 조건부 연장과 수출규제 철폐를 위한 대화 개시에 합의
2019년 12월 18일	문희상 국회의장이 한일 기업과 국민 성금으로 피해자 배상안 제시
2019년 12월 24일	중국 청두에서 열린 제8차 한중일 정상회의에서 한일 간 정상회담 개최, 한국은 수출규제 철회를 요구
2020년 1월 6일	한일 양국의 피해자 지원단체로 구성된 공동행동이 한일 협의체 구성 제안, 한국 정부가 관심을 표명한 반면, 일본 측은 '전혀 흥미가 없다'고 거절
2020년 3월 9일	일본, 코로나19 사태 대응에 한국인 2주 격리 의무화 결정, 갑작스런 무비자 정책 철회로 한국 측 반발
2020년 3월 24일	일본 문부과학성이 교과용 도서 검정조사 심의회에서 독도가 일본 영토이고, 한국이 불법점거 중이라는 내용을 교과서에 반영하도록 함

2020년 4월 15일	제21대 총선거에서 여당 더불어민주당과 더불어시민당이 180석을 차지하여 압승
2020년 4월 18일	일본 주요 언론들이 사설을 통해 한국 4·15 총선을 계기로 양국관계를 개선시키고, 코로나19 대책에 한일 간 협력을 촉구
2020년 5월 7일	이용수 위안부 피해자가 기자회견을 통해 윤미향 국회의원의 기부금 유용 등 의혹을 제기
2020년 5월 13일	한국, 일본 정부에 수출규제 관련 입장을 밝히라고 요구
2020년 5월 15일	가지야마 히로시 경제산업대신이 수출규제와 관련하여 한국과 다양한 차원에서 대화를 해나가겠다고 발언
2020년 6월 1일	대구지방법원 일본기업의 국내자산 강제매각을 위한 공시송달 결정
2020년 6월 2일	한국, 일본 수출규제 관련 WTO 분쟁해결 절차 재개 결정
2020년 6월 8일	아베 총리는 베트남 등 4개국에 대해 입국 규제 완화, 그러나 한국은 제외시킴
2020년 7월 2일	일본의 대한국 수출규제 1년 경과후 한국의 소부장 산업보다 일본기업이 타격을 받았고, 한국인의 일본 관광이 급감하면서 오히려 일본 측이 부메랑을 맞은 것으로 나타났다고 일본 언론이 지적
2020년 8월 1일	일본 스가 관방장관이 한국 대법원 판결로 인한 일본 기업 자산 매각에 대비해 모든 가능성을 검토중이라고 발언
2020년 8월 12일	한일 양국의 종교, 시민단체가 일본 정부가 일본군'위안부' 문제를 인정하고 사죄해야 한다는 공동 성명문을 발표
2020년 8월 14일	문재인 대통령이 위안부 기림일을 맞이하여 문제 해결에 가장 중요한 것은 피해자 중심주의라고 강조
2020년 9월 16일	아베 총리 후임으로 스가 요시히데 신임 총리 내각이 발족
2020년 10월 26일	도쿄신문은 스가 총리가 아무런 조건 없이 한중일 정상 회의에 참석할 것을 주장
2020년 10월 31일	아사히신문, 일본기업이 피해자들에게 배상시 한국 정부가 손해액을 그대로 보전하는 방식을 비공식 제안했지만 일본 정부가 거절했다고 보도
2020년 11월 8일	미국 대통령 선거에서 현직 트럼프 대통령을 꺾고, 민주당 후보 조바이든이 당선
2021년 1월 8일	서울중앙지방법원, 일본 정부가 일본군'위안부' 피해자에 각 1억원 지급을 판결

2021년 1월 8일	아키바 다케오 일본 외무차관이 남관표 주일대사를 불러서 위안부판결 수용 불가로 강하게 항의. 한국 정부는 한일 위안부합의가 공식 합의임을 상기하고 미래지향적인 한일관계를 언급
2021년 1월 11일	배타적 경제수역(EEZ)에서 한일 양국 해경간 대치 상황
2021년 1월 26일	도쿄와 부산에서 의인 이수현 사망 20주년을 기리는 추모행사 개최
2021년 2월 18일	강창일 신임대사가 니카이 도시히로 자민당 간사장과 면담, 모테기 도시미쓰 외상과 만나지 못해 일본 측 대항조치로 인식
2021년 2월 19일	일본 내각부 여론조사에서 한일관계가 중요하지 않다는 응답자가 역대 최고치를 기록
2021년 4월 21일	서울중앙지방법원, 일국의 주권행위를 타국에서 재판할 수 없다는 국가면제 사유를 들어 피해자에 의한 일본군위안부 소송 각하
2021년 4월 27일	스가 요시히데 내각, '종군위안부' 용어를 '위안부' 용어로 바꾸어 일본 정부의 관여나 강제성, 불법성을 축소, 이후 교과서 왜곡에 영향을 미침
2021년 7월 15일	주한일본대사관 소마 히로마사 총괄공사가 문재인 대통령의 대일정책 관련 실언으로 물의를 일으킴
2021년 10월 5일	기시다 후미오 총리가 일본 제100대 내각총리대신으로 취임
2021년 10월 15일	기시다 총리와 문재인 대통령 간 전화 통화, 과거사 쟁점에 대해 한국 측의 적절한 조치를 요구, 대북정책과 납치자 문제 공조하기로
2021년 12월 6일	기시다 총리가 한국은 중요한 이웃나라로 언급, 방위백서 보다 높은 수준의 관계로 표현
2022년 1월 12일	서울대 아시아연구소 여론조사 결과, 신뢰할 수 있는 국가 20개국 가운데 일본은 19위로 최하위 수준을 기록
2022년 2월 24일	러시아가 '특별 군사작전' 명목으로 우크라이나를 일방적인 침략, 우크라이나 전쟁 시작
2022년 5월 10일	대한민국 제20대 윤석열 대통령 취임
2022년 7월 4일	강제징용 문제를 둘러싼 민관공동협의회 출발
2022년 8월 9일	강제징용 해법모색 민관협의회 제3차 회의개최
2022년 11월 13일	캄보디아 프놈펜 한일 정상회담에서 강제징용 조기 해결에 공감
2023년 1월 12일	외교부·정진석 의원실 공동주최 강제징용 해법 논의를 위한 공개토론회

2023년 3월 6일	한국 정부, 강제징용 보상 해법으로 1965년 청구권자금 수혜기업이 재원을 출연하여 피해자에 배상하는 제3자 채무변제 방안을 공식 발표
2023년 3월 13일	강제징용 피해자들이 정부의 제3자 변제안을 거부한다는 입장을 공식 통보
2023년 3월 15일	설문조사 결과, 한국 정부가 제시한 제3자 변제안 반대가 59.7%, 이에 비해 찬성은 32.2%에 그쳤음
2023년 3월 17일	도쿄에서 윤석열·기시다 한일 정상회담, 한일 간 수출규제 해제와 지소미아 복원에 합의, 제3자 채무변제와 구상권 청구 포기 발언에 야당과 피해자, 지원단체가 반발
2023년 5월 7일	서울에서 열린 한일 정상회담에서 기시다 총리는 강제징용 문제에 대해 '개인적으로 마음 아프다'고 언급, 역대 정부 담화를 계승
2023년 5월 25일	환경운동연합 설문조사 결과, 국민 85.4%가 후쿠시마 오염 수 방류 반대, 정부 대응 잘못은 64.7%로 나타남
2023년 7월 3일	광주 지방법원 등이 일제하강제동원피해자지원재단의 피해자 보상금의 공탁 신청에 대해 불수리 결정, 모두 12개 신청이 불수리되었음.
2023년 8월 24일	일본 후쿠시마 오염수 1차 776만 리터를 해양 방류, 이후 2,3차 방류 진행되었음
2023년 9월 11일	정부 해법에 반발하여 판결금 수령을 거부한 강제 징용 피해 한국 내 시민 모금액이 6억 원 돌파, 피해자와 유족에게 각 1억 원 지급
2023년 10월 26일	대법원, '제국의 위안부' 소송 무죄 확정. 명예훼손 아니며 유죄판결을 파기
2023년 11월 16일	미국 샌프란시스코에서 APEC 정상회담, 미중, 중일간 정상회담이 진행된 데 비해 윤석열·시진핑 한중 정상회담 무산, 외교 참사라는 지적이 나옴.
2023년 11월 23일	서울고등법원, 피고 일본 정부가 일본군위안부 피해자에게 원고 청구대로 1인당 약 2억 원씩 위자료 지급을 명령
	일본 정부, 윤덕민 주일대사를 초치하여 위안부 소송판결에 지극히 유감이라며 항의를 표시함

참고문헌

강가람(2008), "한일 사회내 일본군 위안부 문제와 초국적 여성연대의 가능성."

한일연대21(2008), 『한일 역사인식 논쟁의 메타 히스토리』, 뿌리와이파리

강창일 의원실 외(2019/01/09), 『강제동원 문제 해결을 위한 한일 전문가 정책토론회』 보고서

고바야시 소메이(2019), "일본 중앙지 사설을 통해서 본 한일관계.", 『JPI 정책포럼』, NO. 2019-07

국무조정실(2018/10/30), "강제징용 대법원 판결 관련 대국민 정부 입장 발표문."

구유진(2014/12), "역사문제를 둘러싼 일본 보수의원 연맹 연구.", 『일본공간』, Vol.16

권희순(1996/05), "일본군 위안부 문제에 대한 유엔 인권위에서 승리와 특별보고서 채택의 의미.", 『교회와 세계』

기미야 다다시 저·손석의 역(2013), 『일본의 한반도 외교』, 제이엔씨

기미야 다다시(2020/10/17), "한일관계의 당면현안-한국 대법원 판결을 둘러싼 한일관계와 그 배경.", 사단법인 한일미래포럼 주최, 『2020년 한일 언론인과 전문가 공동 웨비나 자료집』

길윤형(2021), 『신냉전 한일전』, 생각의 힘

김기정(2018), "남북, 북미 정상회담 이후 한반도와 동북아.", 『도쿄대 한국학연구센터 주최 세미나』, 도쿄대(2018/06/23)

김도형(2015), 『한일관계 1965-2015: 경제』, 역사공간

김숙현(2019), "한일관계 관리 방안.", 『제7차 국가안보전략연구원-일본국제문제연구소 학술회의』, (2019/01/18)

김은식(2001/01), "2차대전의 마지막 전쟁, 징용자 소송.", 『월간 말』

김창록(2013), "한일청산의 법적 구조.", 『법사학연구』, 47호

김혜원(1993), "제2차 종군위안부 문제 아시아 연대회의 보고."

개번 맥코맥(1997), "일본 자유주의 사관의 정체.", 『창작과 비평』

남기정(2021/05), "피해/생존자 없는 시대의 피해자 중심 접근과 일본군위안부 문제.", 『관정 일본리뷰』, 29

남상구(2017), "일본 정부의 일본군위안부에 대한 역사인식과 정책변화.", 『한일 관계사연구』, 58

남상구(2019/12/14), "한국인 강제동원 피해관련 기초자료.", 『제4회 역사화해를 위한 한일포럼』, 동북아역사재단

동북아역사재단 주최(2018), 『10.30 대법원 판결관련 강제동원 문제 논의』, (2018/12/16)

동북아역사재단(2020/05), 『일본군위안부 문제와 과제Ⅱ-피해자 중심 해결』

동아시아연구원·겐론NPO(2018), "제6회 한일국민 상호인식 조사.", 『조선일보』, (2018/06/19)

대법원(2018) 2018.10.30. 선고 2013다61381 전원합의체 판결. "일제 강제동원 피해자의 일본기업을 상대로 한 손해배상청구 사건 판결문."

마에다 아키라 편저(2016), 『한일 위안부합의의 민낯』, 창해

문정인·서승원(2013), 『일본은 지금 무엇을 생각하는가』, 삼성경제연구소

박유하(2015), 『제국의 위안부』, 뿌리와이파리

박철희(2008), "한일 갈등의 반응적 촉발과 원론적 대응의 구조.", 『한국정치 외교사논총』, 29(2)

박철희(2014), 『동아시아 세력전이와 일본 대외전략의 변화』, 동아시아재단

박철희외 공저(2018), 『아베시대 일본의 국가전략』, 서울대학교출판연구원

박철희 외(2021), 『위안부 문제, 어떻게 풀 것인가』, 서울대 국제학연구소

백시진(2021), "일본군'위안부' 문제의 탈진실 정치-아베 정권을 중심으로.", 『동북아 역사논총』, 71

소에야 요시히데(2015/02/09), 『한일관계 50년의 성찰, 제2차 워크숍 토론문』, 게이오대학

손열(2018/06), "위안부합의의 국제정치 : 정체성-안보-경제 넥서스와 박근혜 정부의 대일외교.", 『국제정치논총』, 58(2)

손제용(2017), "일본이 문재인정부 출범을 바라보는 관점.", 『일본공간』, 21, 국민대 일본학연구소

송은희(2018), "동북아 플러스 책임공동체 구상을 통해본 동아시아 지역주의 전략.", 『INSS전략보고』, 국가안보전략연구원(2018/10)

신각수(2014/06/23), "고노 담화 검증은 역사의 덫이다.", 『중앙일보』

신욱희(2019/08), "일본군위안부 피해자 문제 합의와 한일 관계의 양면 안보 딜레마.", 『아시아리뷰』, 9(1)

신정화(2019/12), "문재인 정권과 아베 신조 정권의 새로운 나라 만들기: 불신과 갈등

의 확산.",『일본연구논총』, 50

심규선(2021),『위안부 운동, 성역에서 광장으로』, 나남

아사노 도요미(2018), "동아시아의 화해의 방향성에 대하여- 민주주의와 국민감정, 역사 기억 그리고 인권", 동북아역사재단 주최『10.30 대법원 판결관련 강제동원 문제 논의』(2018/12/16)

양기웅(2014), "한일관계와 역사갈등의 구성주의적 이해",『국제정치연구』, 17(2), (2014/12)

양기호(2015/07), "샌프란시스코 평화조약의 역사적 분석과 극복방안.",『제6회 역사 NGO 세계대회 자료집』

양기호(2015/12), "한일갈등에서 국제쟁점으로: 위안부문제 확산과정의 분석과 함의",『일본연구논총』, 42

양기호(2017), "한일관계 50년의 성찰-1998년 한일파트너십 공동선언의 합의와 경과",『한일관계 50년의 성찰』, 도서출판 오래

양기호(2018), "한국은 일본을 어떻게 보아야 할 것인가?-역사, 현안, 전략-"『동아시아재단 정책논쟁』(2018/01)

양기호(2019/05), "문재인정부 한일 갈등의 기원-한일 간 한반도 비핵화와 동북아외교 격차를 중심으로-",『일본학보』, 119

양기호(2023/11), "문재인 정부기 위안부합의를 둘러싼 한일 갈등 -인식, 해법, 판결을 중심으로-.",『일본학보』, 137

양현아(2001/12), "증언과 역사쓰기-한국인 군위안부의 주체성 재현.",『사회와 역사 60』

양현아(2016/03), "2015년 한일 외교장관의 위안부 문제 합의에서 피해자는 어디 있었나?: 그 내용과 절차.",『민주법학』, 60

오마이뉴스(2014/02/03), "서평: 위안부 연구 20년의 결실, 일본군위안부 그 역사의 진실."

외교부·정진석 의원실 공동주최(2023/01/12), [강제징용 해법 논의를 위한 공개 토론회] 자료집

윤명숙(2008), "일본군위안소 제도 및 일본군위안부 문제를 둘러싼 주요 쟁점."

현대송 편(2008),『한국과 일본의 역사인식』, 나남

윤미향(2006 봄), "아직도 해결되지 않은 문제, 일본군 위안부.",『황해문화』

이면우(2016/12), "한일 역사갈등의 전후사: 위안부 문제를 중심으로.",『일본 연구논

총』, 44

이면우(2017), 『위안부합의와 한일관계』, 세종연구소

이신철(2012), "국가간 역사갈등 해결을 위한 역사정책 모색.", 『역사비평』(2012/08)

이원덕(1996), 『한일과거사 처리의 원점』, 서울대학교출판부

이원덕(2000), "한일관계 65년체제의 기본성격 및 문제점-북일수교에의 함의.", 『국제지역연구』, 9(4)

이원덕(2009), "노무현 정부의 대일정책 평가.", 『일본연구』(2009/02)

이원덕(2014/12), "한일관계와 역사마찰: 김영삼 정권의 대일 역사외교를 중심으로.", 『일본연구논총』, 40

이장희(2015/03/03), "국제법을 평화의 무기로 적극 활용해야.", 『경향신문』

이지영(2014), "일본사회의 일본군위안부 문제에 대한 담론의 고찰.", 『한국정치학회보』, 47(5)

이진모(2012), "두개의 전후-서독과 일본의 과거사 극복 재조명.", 『역사와 경계』, 제82집

일본군위안부연구회 외 공동주최(2023/05/20), [고노담화 30년과 쟁점] 자료집

장달중(2008), "세계화와 민족주의 사이의 한일관계: 상호경시적 흐름에 대한 고찰", 『한일공동연구총서』

장박진(2009), 『식민지 관계청산은 왜 이루어질 수 없었는가』, 논형출판사

장복희(2014), "국가의 자국민 보호의 권한과 의무—강제징용 피해자와 일본군 위안부 배상을 위한 국가의 교섭의무.", 전쟁과 여성대상 폭력에 반대하는 연구행동센터 엮음

정신대대책협의회 번역기획(2014), 『그들은 왜 위안부를 공격하는가』, 휴머니스트

정진성(2014/07/08), "日 고노담화 검증의 허구.", 『국민일보』

정진성(2003), "전시하 여성침해의 보편성과 역사적 특수성: 일본군 위안부 문제에 대한 국제사회의 인식.", 『한국여성학』, 19(2)

조세영(2018), 『외교외전』, 한겨레출판

조세영(2019/07/08), 『한일비전포럼』, 발표내용(비공개)

조양현(2017), 『동아시아 국제질서 변화와 한일 과거사 문제: 과거사문제의 다자화 및 전략화가 한일 관계에 주는 함의』, 동북아역사재단

조윤수(2018/12), "일본군위안부 문제에 대한 아베 정권의 인식과 정책: 한일 위안부 합의를 중심으로.", 『일본연구논총』, 48

조윤수 외(2019), 『한일협정과 한일관계-1965년 체제는 극복 가능한가』, 동북아역사재단

조진구(2019/06), 「문재인 정부의 대일정책: 일본군위안부 문제를 중심으로」, 『한일민족문제연구』, 36

조진구(2020), 『한일관계 기본문헌집』, 늘품플러스

진창수(2012), 『일본 국내정치가 한일관계에 미친 영향-민주당 정권을 중심으로』, 세종연구소

청와대 국가안보실(2018), 『문재인정부의 국가안보 전략』(2018/12)

최명숙(2012), "초국적 시민연대의 형성과 한계: 일본군 위안부를 위한 한일 시민운동을 중심으로.", 『일본문화연구』, 제41집

하영선·손열 엮음(2015), "신시대를 위한 한일의 공동진화" 동아시아연구원 EAI Special Report(2015/08)

하종문(2001), "천황제, 도쿄재판, 샌프란시스코 평화조약.", 『아세아연구』, 44(2)

하재환 외(1996/12), "한국 및 한국인에 대한 일본의 법적 책임.", 『부산대학교 법학연구』, 37(1)

한국정신대대책협의회(2014) 번역기획, 『그들은 왜 위안부를 공격하는가』, 휴머니스트

허란주(2010), "위안부 문제와 일본의 민족적 책임: 페미니즘과 민족주의 화해 가능성.", 『아세아연구』, 53(3)

李鍾元(1996), 『東アジア冷戦と韓日米関係』, 東京大学出版会

大沼保昭(2007), 『慰安婦問題とは何だったのか』, 中公新書

小此木政夫(2005), "小泉政権の愚と３つの戦略", 『論座』(2005/08)

木宮正史(2021), 『日韓関係史』, 岩波新書

木村幹(2014), 『日韓歴史認識問題とは何か-歴史教科書·慰安婦·ポピュウリズム』, ミネルバ書房

木村幹(2015/03/19), 『THE HUFFINGTON POST』
http://www.huffingtonpost.jp/kan-kimura/japan-korea-claim_b_6884322.html

木村幹(2017), "両国とも関係改善を望んでいない", 『日本と世界-世界の中の日本』(2017/06/07)

木村幹(2018), "近くて遠い国から普通の国同士の関係へ", 『第3回韓日交流フォ

ーラム』, 駐新潟韓国総領事館主催国際シンポジウム(2018/11/22)

熊谷奈緒子(2014), 『慰安婦問題』, 筑摩書房

産経新聞(2014/09/01), "被告は 河野洋平, 司法にも持ち込まれた強制連行."

富樫あゆみ(2017), 『日韓安全保障協力の検証』, 亞紀書房

西野純也(2019), "盧武鉉政権期の日韓関係ー韓国の新しい秩序の台頭", 『法学研究(慶応大学)』, 92(1)

日本外務省(2019), 『外交靑書 2018』

https:..www.mofa.go.jp.mofaj.gaiko.bluebook.2018.html.index.html

日本外務省(2019), 『自由で開かれたインド太平洋』

https:..www.mofa.go.jp.mofaj.files.000430631.pdf

日本国際問題研究所(2014), 『インド太平洋時代の日本外交』(2014/03)

日本国会会議錄検索システム(2019), http:..kokkai.ndl.go.jp.cgi-bin.KENSAKU. swk_srch.cgi?SESSION=32492&MODE=1

日本の前途と歴史教育を考える議員の会 監修(2008/10), 『南京の實相』

朴慶植(1965), 『朝鮮人强制連行の記錄』, 未來社

玄大松(2006), 『領土ナショナリズムの誕生, 獨島／竹島問題の政治学』, ミネルヴァ書房

マイケル・ヨン・古森義久(2015/02), "慰安婦問題はフィクションだ.", 『Voice』

毎日新聞(2019), "論点:きしむ日韓関係." (2019/02/01), 東京朝刊

山岡鐵秀(2015/02), "オーストラリアの慰安婦像はこうして阻止した.", 『正論』

山口二郎・中北浩爾(2014), 『民主党政権とは何だったのか』, 岩波書店

山口智美 外(2016), 『海を渡る「慰安婦」問題―右派の「歴史戦」を問う』, 岩波書店

吉岡吉典(2009), 『韓国併合100年と日本』, 新日本出版社

讀賣新聞(2019), "日米首脳会談の共同声明全文.", (2017/02/12)

Asia News Monitor(17 Aug 2012), "South Korea/United Nations: S. Korea raises 'comfort women' issue at U.N. session" [Bangkok]

Charles L. Glaser, Thomas U.Berger, Mike M. Mochizuki, and Jennifer Lind(2009). "Roundtable Discussion of Jennifer Lind's Sorry States: Apologies in International Politics", [Journal of East Asian Studies 9]

FNN PRIME(2018), "もはや共通の価値觀もなし？ 韓国の対日表現削除は意趣返しか…危機深まる日韓関係." (2018/01/17)

Rozman, Gilbert(2012). National Identities and Bilateral Relations: Widening Gaps in East Asia (DC: Woodrow Wilson Center Press)

Jiji Press English News Service *[Tokyo]* (01 Nov 2012), "China, S. Korea Rap Japan over Comfort Women at U.N. Panel"

Lee, David Chulwoo(27 Dec 2013), "S.Korea, Japan begin talks on comfort women ahead of Obama's visit"*[Newsday]* (Long Island, N.Y)

Soh, C Sarah(Nov. 2009), "The Comfort Women: Sexual Violence and Postcolonial Memory in Korea and Japan" *[The Journal of Asian Studies 68.4]*

Victor Cha(2000), *Alignment Despite Antagonism: The United States-Korea-Japan Security Triangle*, NewYork: Columbia University

문재인 정부와 한일관계
갈등을 딛고 미래지향적 협력을 추구한 5년의 기록

지은이 양기호

펴낸이 최병식

펴낸날 2024년 3월 5일

펴낸곳 주류성출판사

서울특별시 서초구 강남대로 435 (주류성문화재단)

TEL ㅣ 02-3481-1024 (대표전화) · FAX ㅣ 02-3482-0656

www.juluesung.co.kr ㅣ juluesung@daum.net

값 20,000원

잘못된 책은 교환해 드립니다.

ISBN 978-89-6246-525-9 93340